3 in 1 본책 **+** 미니북 **+** 워크북 구성의

완벽한 영단어 학습 시스템

+

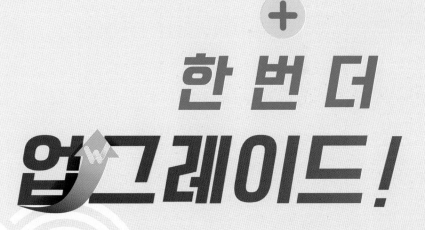

한 번 더

업그레이드!

업그레이드 방법은 뒷면에 ≫

OFF LINE 도서 에 ON LINE 학습앱 을 더해

업그레이드

워드마스터 학습앱 How To Use

Step. 1 앱 설치 및 회원가입

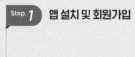

 » 앱 바로가기

Step. 2 마이룸에서 학습앱 코드 입력

Step. 3 학습관에서 데이터 다운로드

Step. 4 학습관에서 단어/음성 암기부터 TEST까지

Step. 5 단어장에서 헷갈리는 단어 복습

Step. 6 마이룸에서 누적 테스트 결과로 학습 상태 점검

학습앱 코드 M3Q9JIH2L   ※ 코드는 1회 등록 가능합니다.

Word master 고등 어원

∞ master

고등 어원

Workbook

WORD MASTER

SERIES

DAILY CHECK-UP

어원 **Review**

01 in- _____ 02 dis- _____

_____

A 영어 단어를 보고 알맞은 뜻을, 뜻을 보고 알맞은 영어 단어를 쓰시오.

01	investment _____	11	질병, 질환 _____
02	infection _____	12	불법적인, 위법의 _____
03	immortality _____	13	보여주다, 전시 _____
04	insight _____	14	무능, 할 수 없음 _____
05	distance _____	15	부정확한, 틀린 _____
06	incentive _____	16	피할 수 없는, 필연적인 _____
07	impose _____	17	타고난, 선천적인 _____
08	income _____	18	관련 없는, 부적절한 _____
09	immoral _____	19	불변의, 변하지 않는 _____
10	discount _____	20	흥분시키다 _____

B 다음 영영풀이에 해당하는 단어를 보기에서 골라 쓰시오.

| 보기 | immune   independent   disappear   indoor   intake |

01 _____ not ruled by other people

02 _____ to become impossible to see

03 _____ the amount of food that is taken into your body

04 _____ not capable of being affected by a particular disease

C

• 다음 밑줄 친 부분과 뜻이 가장 가까운 단어를 고르시오.

01 Her <u>inherent</u> talent for music was evident from a young age.

① innate ② immoral ③ irrelevant

02 Edison saw these mistakes not as failures but as an <u>inevitable</u> part of the invention process. 교과서

① incentive ② unavoidable ③ independent

03 The protesters' words <u>inflamed</u> the crowd.

① disappeared ② exhibited ③ provoked

• 다음 밑줄 친 부분의 반대말로 가장 알맞은 단어를 고르시오.

04 Even her parents were unconvinced that she was <u>innocent</u>.

① guilty ② inborn ③ illegal

D

다음 문장의 의미에 맞게 해당하는 단어를 고르시오.

01 Richer people spend smaller proportions of their _____ on food. 모평
더 부유한 사람들은 수입의 더 적은 비율을 음식에 지출한다.

① income ② incentive ③ intake

02 The _____ of power between the rich and the poor is a major problem.
부자들과 가난한 사람들 사이의 힘의 불균형은 중대한 문제이다.

① immortality ② imbalance ③ immunity

03 The _____ laws of physics govern the universe.
불변의 물리학 법칙이 우주를 지배한다.

① inevitable ② invariable ③ incorrect

04 In this workshop, you will _____ crime scenes! 모평
이 워크숍에서 여러분은 범죄 현장을 조사할 것입니다!

① infect ② invest ③ investigate

⁰¹ dis- _____   ⁰² re- _____

A 영어 단어를 보고 알맞은 뜻, 뜻을 보고 알맞은 영어 단어를 쓰시오.

01 dislike	_____	11 변장, 변장하다	_____
02 discomfort	_____	12 장애, 능력 없음	_____
03 remain	_____	13 연구, 연구하다	_____
04 reproduce	_____	14 나타내다, 대표하다	_____
05 reunion	_____	15 (~라고) 말하다, 논평	_____
06 replace	_____	16 무질서, 혼란, 장애	_____
07 disagree	_____	17 버리다, 폐기하다	_____
08 recover	_____	18 피난(처), 보호 시설	_____
09 recall	_____	19 다르다, 동의하지 않다	_____
10 dispersal	_____	20 복원하다, 회복시키다	_____

B 다음 영영풀이에 해당하는 단어를 보기에서 골라 쓰시오.

| 보기 | retire   recycle   disobedient   discussion   remove |

01 _____ to take something away from a place

02 _____ refusing to obey rules

03 _____ to leave your job because you have reached a particular age

04 _____ the act of talking about something with a group of people

C 다음 밑줄 친 부분과 뜻이 가장 가까운 단어를 고르시오.

01 We are likely to actively <u>dismiss</u> information that doesn't confirm our beliefs.

① remove ② ignore ③ agree `학평 변형`

02 Hunter-gatherer cultures across the world have adopted and subsequently <u>discarded</u> agriculture. `학평`

① abandoned ② reproduced ③ disobeyed

03 People in life-threatening situations can <u>recall</u> years of their lives in just a few seconds. `교과서`

① remain ② recollect ③ remark

D 다음 문장의 의미에 맞게 해당하는 단어를 고르시오.

01 Soon water-resistant trench coats began to _____ the old ones. `교과서`
곧 방수 트렌치코트가 예전의 것을 대체하기 시작했다.

① replace ② recover ③ represent

02 If two people _____ without arguing, all they do is yell at each other. `학평`
두 사람이 언쟁 없이 의견이 일치하지 않으면, 그들이 할 일은 오직 서로에게 소리를 지르는 것이다.

① dislike ② disagree ③ discuss

03 The _____ is that no single food provides the nutrition necessary for survival. `학평`
불리한 점은 단일 식품만으로는 생존에 필요한 영양분을 제공하지 못한다는 것이다.

① disadvantage ② disability ③ disguise

04 Some cities have required households to _____ of all waste in special trash bags. `수능`
몇몇 도시는 가정에서 모든 쓰레기를 특별한 쓰레기 봉투에 담아 버리도록 요구해 왔다.

① dispose ② disgust ③ disperse

⁰¹re- _____ ⁰²com- _____ ⁰³de- _____

A 영어 단어를 보고 알맞은 뜻을, 뜻을 보고 알맞은 영어 단어를 쓰시오.

01	resort	_____	11	연소 _____
02	confirm	_____	12	불평하다, 항의하다 _____
03	correction	_____	13	다시 만나다, 재가입하다 _____
04	depict	_____	14	회사, 일행 _____
05	contour	_____	15	발달하다, 개발하다 _____
06	compact	_____	16	입증하다, 시연하다 _____
07	collapse	_____	17	토론, 논쟁, 토론하다 _____
08	coexist	_____	18	연결하다, 관련지어 생각하다 _____
09	reconcile	_____	19	응축시키다, 요약하다 _____
10	depress	_____	20	충돌, 부딪침 _____

B 다음 영영풀이에 해당하는 단어를 보기에서 골라 쓰시오.

| 보기 | corrupt   compose   concern   retrospect   desire

01 _____ to strongly wish for or want something

02 _____ a review of something that happened in the past

03 _____ a feeling of worry shared by many people

04 _____ doing things that are dishonest in order to gain power

C 다음 밑줄 친 부분과 뜻이 가장 가까운 단어를 고르시오.

01 If a suspected fraud is <u>detected</u>, the account holder has to deal with the phone call from the bank. 모평 변형

① debated   ② desired   ③ discovered

02 The fireman could hear the sound of the floor above <u>collapsing</u>. 학평

① falling   ② colliding   ③ contouring

03 He is supposed to have <u>declared</u>, "I hate what you say, but will defend to the death your right to say it." 학평

① illustrated   ② proclaimed   ③ detected

D 다음 문장의 의미에 맞게 해당하는 단어를 고르시오.

01 The rainy weather tends to _____ my mood and motivation.

비가 오는 날씨는 나의 기분과 의욕을 떨어뜨리는 경향이 있다.

① depress   ② depict   ③ describe

02 Much of our knowledge of the biology of the oceans is _____ from "blind" sampling. 모평

해양의 생명 활동에 관한 우리 지식의 대부분은 '맹목' 표집으로부터 얻어진다.

① demonstrated   ② derived   ③ debated

03 The historian tried to _____ the different accounts of the battle.

그 역사학자는 그 전투에 대한 다른 기록을 조화시키려고 노력했다.

① reconcile   ② resort   ③ rejoin

04 This pressure from society _____ with FOMO can wear us down. 학평

FOMO(Fear Of Missing Out)와 결합된 이러한 사회로부터의 압박은 우리를 지치게 할 수 있다.

① composed   ② combined   ③ complained

어원 Review

01 de- _____   02 en- _____   03 un- _____

A 영어 단어를 보고 알맞은 뜻을, 뜻을 보고 알맞은 영어 단어를 쓰시오.

01 deforestation _____   11 미묘한, 섬세한 _____

02 ensure _____   12 ~할 수 있게 하다 _____

03 endanger _____   13 풍요롭게 하다, 강화하다 _____

04 enhance _____   14 특이한, 흔치 않은 _____

05 enlarge _____   15 불운한, 유감스러운 _____

06 unknown _____   16 열다, 드러내다 _____

07 engage _____   17 힘을 부여하다 _____

08 unlikely _____   18 출발하다 _____

09 unable _____   19 자격[권리]을 주다 _____

10 unwanted _____   20 받아들이다, 포옹하다 _____

B 다음 영영풀이에 해당하는 단어를 보기에서 골라 쓰시오.

| 보기 | ensue   unfamiliar   encounter   devour   unfair

01 _____ to meet someone without expecting

02 _____ not frequently experienced

03 _____ to happen as a result of another event

04 _____ not treating people equally

C

• 다음 밑줄 친 부분과 뜻이 가장 가까운 단어를 고르시오.

01 I was so proud of her empathy and warmth, and this was an <u>unforgettable</u> experience for our family. 학평

① memorable　　　② familiar　　　③ likely

02 Melanie's mother saw her dancing with the flawless steps and <u>enthusiasm</u> of a ballerina. 학평

① enhancement　　　② passion　　　③ engagement

03 Bryan suggests that we should <u>embrace</u> nouns more thoughtfully. 학평

① improve　　　② enlarge　　　③ accept

• 다음 밑줄 친 부분의 반대말로 가장 알맞은 단어를 고르시오.

04 The plane <u>departed</u> from the airport on time.

① followed　　　② arrived　　　③ encountered

D

다음 문장의 의미에 맞게 해당하는 단어를 고르시오.

01 This difference in air pressure creates an _____ effect called "drag."
이런 공기 압력의 차이는 '항력'이라고 불리는 원치 않는 효과를 만든다. 교과서

① unwanted　　　② unfortunate　　　③ unable

02 Using it carelessly can lead to _____ outcomes. 교과서
그것을 부주의하게 사용하는 것은 예상치 못한 결과로 이어질 수 있다.

① unusual　　　② unexpected　　　③ unfamiliar

03 The scientist was able to _____ the ancient message.
그 과학자는 고대의 메시지를 해독할 수 있었다.

① deforest　　　② devour　　　③ decode

04 Product placement is advertising "_____" in the program. 교과서
간접 광고(PPL)는 프로그램 안에 '끼워 넣은' 광고이다.

① empowered　　　② embedded　　　③ enhanced

어원 Review

| 01 un- _____ | 03 a- _____ |
| 02 ex- _____ | 04 pro- _____ |

A 영어 단어를 보고 알맞은 뜻을, 뜻을 보고 알맞은 영어 단어를 쓰시오.

01 prospect _____	11 부끄러운, 수치스러운 _____
02 exhaust _____	12 원자 _____
03 amaze _____	13 (감정 등을) 자극하다 _____
04 alike _____	14 제안하다, 청혼하다 _____
05 analyze _____	15 교환하다, 교환 _____
06 arise _____	16 명시적인, 명백한 _____
07 explain _____	17 발전, 진보, 발전하다 _____
08 profile _____	18 사전 예방적인 _____
09 aboard _____	19 침식, 부식 _____
10 exotic _____	20 검토하다, 검사하다 _____

B 다음 영영풀이에 해당하는 단어를 보기에서 골라 쓰시오.

| 보기 | unbearable   anatomy   protect   proverb   escort

01 _____ a well-known saying that gives advice about how people should live

02 _____ to go with somebody to give protection or guidance

03 _____ to keep someone or something from being damaged

04 _____ too extreme to be accepted or endured

C ・다음 밑줄 친 부분과 뜻이 가장 가까운 단어를 고르시오.

01 They constantly <u>examine</u> and test their theories and conclusions. 학평 변형

① suggest   ② inspect   ③ bear

02 When dealing with investments, different people have different risk <u>profiles</u>.

① outlines   ② prospects   ③ proverbs   학평

・다음 밑줄 친 부분의 반대말로 가장 알맞은 단어를 고르시오.

03 The human species is unique in its ability to <u>expand</u> its functionality by inventing new cultural tools. 수능

① explain   ② contract   ③ protect

04 The idea that people selectively <u>expose</u> themselves to news content has been around for a long time. 학평

① exchange   ② manufacture   ③ conceal

D 다음 문장의 의미에 맞게 해당하는 단어를 고르시오.

01 When heated, these long molecules disintegrate into smaller units, some of which are so small that they _____ . 학평
가열되면, 이 긴 분자들은 더 작은 단위로 분해되고, 그중 일부는 너무 작아서 증발한다.

① evaporate   ② erode   ③ exhaust

02 Little creatures have to _____ heat more rapidly than large creatures.
작은 생명체들은 큰 생명체들보다 더 빨리 열을 생산해야 한다. 학평

① progress   ② propose   ③ produce

03 Related issues _____ in connection with current and persistently inadequate aid for these nations. 수능
이러한 국가들을 위한 현재의 지속적으로 부적절한 원조와 관련하여 연계된 문제들이 발생한다.

① arise   ② arouse   ③ analyze

04 A _____ approach to customer service can help prevent problems.
고객 서비스에 대한 사전 예방적인 접근법은 문제를 예방하는 데 도움이 될 수 있다.

① protective   ② proactive   ③ prospective

A 영어 단어를 보고 알맞은 뜻을, 뜻을 보고 알맞은 영어 단어를 쓰시오.

01	account	_____	11	가속하다, 촉진하다 _____
02	output	_____	12	쌓이다, 모으다, 축적하다 _____
03	outstanding	_____	13	배출구, 직판점, 콘센트 _____
04	adjust	_____	14	터무니없는, 어리석은 _____
05	advance	_____	15	대인 관계의, 사람 간의 _____
06	interfere	_____	16	보장하다, 장담하다 _____
07	amend	_____	17	동행하다, 동반하다 _____
08	outcome	_____	18	빨아들이다, 흡수하다 _____
09	abnormal	_____	19	유리한 점, 이점, 장점 _____
10	outlook	_____	20	국제적인 _____

B 다음 영영풀이에 해당하는 단어를 보기에서 골라 쓰시오.

| 보기 | interpret   abundant   purchase   approach   abandon

01 _____ to move nearer to something or someone

02 _____ to leave somebody with no intention of returning

03 _____ to clarify or explain the meaning of something

04 _____ existing in plentiful amounts

C

• 다음 밑줄 친 부분과 뜻이 가장 가까운 단어를 고르시오.

01 The benefits of the new job underline the risks.

① exceed　　　　② account　　　　③ accumulate

02 The team gave their utmost effort to win the game.

① plentiful　　　　② extreme　　　　③ outstanding

• 다음 밑줄 친 부분의 반대말로 가장 알맞은 단어를 고르시오.

03 Open international online access is understood using the metaphor "flat earth." 학평

① domestic　　　　② normal　　　　③ interpersonal

04 The arrogant king's behavior turned people away.

① foolish　　　　② scarce　　　　③ humble

D

다음 문장의 의미에 맞게 해당하는 단어를 고르시오.

01 The _____ of the virus caused widespread panic.

바이러스의 발발은 광범위한 공황을 일으켰다.

① outcome　　　　② outbreak　　　　③ output

02 Trent had very little _____ with elderly people except for his grandfather. 교과서

Trent는 자신의 할아버지를 제외하고는 노인들과의 교류가 거의 없었다.

① interaction　　　　② interpretation　　　　③ interference

03 The instructor invited Melanie to _____ her to a ballet training center.

강사는 Melanie를 발레 교습소에 그녀와 동행하도록 초대했다. 학평

① accompany　　　　② adjust　　　　③ approach

04 The judge _____ the sentence to a lesser charge.

판사는 그 선고를 더 낮은 혐의로 수정했다.

① advanced　　　　② absorbed　　　　③ amended

어원 Review

01 inter- _____ 03 per- _____ 05 uni- _____

02 over- _____ 04 sub- _____ 06 mis- _____

A 영어 단어를 보고 알맞은 뜻을, 뜻을 보고 알맞은 영어 단어를 쓰시오.

01 support _____

02 suggest _____

03 overlap _____

04 perfect _____

05 mistake _____

06 persuade _____

07 uniform _____

08 mislead _____

09 unify _____

10 suppress _____

11 교환, 분기점, 교체하다 _____

12 전반적인, 전체의 _____

13 넘치다, 넘침, 범람 _____

14 수행하다, 공연하다 _____

15 관점, 전망, 원근법 _____

16 고통받다, 시달리다, 겪다 _____

17 (구성) 단위, 한 개, 부문 _____

18 독특한, 유일한, 고유한 _____

19 고집하다, 지속하다 _____

20 압도하다, 사로잡다 _____

B 다음 영영풀이에 해당하는 단어를 보기에서 골라 쓰시오.

| 보기 | interval   unite   suburb   overcome   overlook

01 _____ to succeed in dealing with a problem

02 _____ to fail to take into account

03 _____ a period of time between two instants

04 _____ to become an integrated whole or a unity

C

• 다음 밑줄 친 부분과 뜻이 가장 가까운 단어를 고르시오.

01 She carefully painted each step of their life cycles, depicting even <u>subtle</u> changes. 교과서

① entire   ② delicate   ③ perfect

02 The sudden noise <u>overwhelmed</u> my senses.

① overpowered   ② overcame   ③ overlapped

• 다음 밑줄 친 부분의 반대말로 가장 알맞은 단어를 고르시오.

03 At first glance there is nothing particularly <u>unique</u> about this. 학평

① unusual   ② uniform   ③ common

04 The <u>permanent</u> solution fixed the problem once and for all.

① supportive   ② overall   ③ temporary

D

다음 문장의 의미에 맞게 해당하는 단어를 고르시오.

01 Sleepiness _____ me for a short while. 학평
잠시 졸음이 나를 엄습했다.

① overlooked   ② overtook   ③ overflowed

02 If you had a bad day at work, you may _____ your feelings at the office. 학평
만약 당신이 직장에서 기분 나쁜 하루를 보낸다면, 당신은 사무실에서 당신의 감정을 억누를 수도 있다.

① suppress   ② suggest   ③ suffer

03 Broadcasters accepted _____ demands for employment and decent wages. 학평
방송사는 고용과 더 나은 임금에 대한 조합의 요구를 받아들였다.

① unity   ② union   ③ unit

04 However, the pain _____ and was worse than before. 학평
하지만, 통증은 지속되었고 이전보다 더 심해졌다.

① persisted   ② persuaded   ③ performed

어원 Review

01 mis-	_____	03 sym-	_____	05 under-	_____
02 pre-	_____	04 multi-	_____	06 para-	_____

A 영어 단어를 보고 알맞은 뜻, 뜻을 보고 알맞은 영어 단어를 쓰시오.

01 preview _____   11 불행, 고통, 비참(함) _____

02 preoccupy _____   12 시너지 효과 _____

03 syndrome _____   13 합성하다, 종합하다 _____

04 multimedia _____   14 많은, 다수의, 배수 _____

05 undergraduate _____   15 다수, 일반 대중 _____

06 symbol _____   16 다문화의 _____

07 misplace _____   17 (~의) 기저를 이루다 _____

08 predict _____   18 역설, 모순 _____

09 symptom _____   19 퍼레이드, 행진하다 _____

10 undergo _____   20 기생하는 _____

B 다음 영영풀이에 해당하는 단어를 보기에서 골라 쓰시오.

| 보기 | paralyze   premature   symphony   misguide   multitask

01 _____ to direct incorrectly

02 _____ happening before the proper or usual time

03 _____ to make a person unable to move all or part of the body

04 _____ a piece of music written to be played by an orchestra

C 다음 밑줄 친 부분과 뜻이 가장 가까운 단어를 고르시오.

01 Statistical errors can undermine research ethics. 학평

① synthesize　　② damage　　③ misguide

02 Just like any other organisms, individual bacteria can undergo random mutations. 교과서

① multiply　　② misplace　　③ experience

03 The government undertook a new program to combat climate change.

① underlay　　② launched　　③ symbolized

D 다음 문장의 의미에 맞게 해당하는 단어를 고르시오.

01 The _____ schedule was disrupted by an accident.

예정된 일정이 사고로 인해 중단되었다.

① predetermined　　② preoccupied　　③ prevented

02 The amount can be so small that the cancer is discovered even before any _____ have developed. 학평

그 양이 너무 적어서 어떤 증상이 나타나기도 전에 암이 발견될 수 있다.

① symptoms　　② symbols　　③ symphonies

03 They began to believe that the risks could be managed with some safety _____. 학평

그들은 몇몇 안전 예방 조치를 통해 위험이 관리될 수 있다고 믿기 시작했다.

① previews　　② predictions　　③ precautions

04 This dilemma, the need to experiment combined with the need for conservatism, is known as the omnivore's _____. 학평

이 딜레마, 즉 보수성에 대한 필요와 결합된 실험의 필요는 잡식 동물의 역설이라고 알려져 있다.

① parasite　　② paradox　　③ paralysis

어원 Review

01 para-	_____	04 extra-	_____	07 trans-	_____
02 du-	_____	05 super-	_____	08 ante-	_____
03 ob-	_____	06 se-	_____		

A 영어 단어를 보고 알맞은 뜻을, 뜻을 보고 알맞은 영어 단어를 쓰시오.

01	parallel	_____	11 이산화물	_____
02	extreme	_____	12 딜레마, 진퇴양난	_____
03	surface	_____	13 제공하다, 제안하다, 제안	_____
04	occasion	_____	14 외향적인 사람	_____
05	supernatural	_____	15 안전한, 확보하다	_____
06	dual	_____	16 번역하다, 해석하다	_____
07	select	_____	17 닻, 고정시키다	_____
08	duplicate	_____	18 모호한, 보기 어렵게 하다	_____
09	transfer	_____	19 변형하다, 변화시키다	_____
10	ancestor	_____	20 골동품, 매우 오래된	_____

B 다음 영영풀이에 해당하는 단어를 보기에서 골라 쓰시오.

보기	segregation superior transaction separate opponent

01 _____ a person that is competing against another in a contest

02 _____ an act of buying or selling something

03 _____ high or higher in rank, status, or quality

04 _____ to cause two or more things to stop being joined

C 다음 밑줄 친 부분과 뜻이 가장 가까운 단어를 고르시오.

01 I <u>anticipate</u> that your approval of this request will greatly improve the safety of our children. 학평

① select   ② offer   ③ expect

02 A small machine was found inside her bike frame that gave her <u>extra</u> power while she pedaled. 교과서

① additional   ② parallel   ③ secure

03 Our poor ancient <u>ancestors</u> were lucky to live past the age of 35. 학평

① descendants   ② forefathers   ③ translators

D 다음 문장의 의미에 맞게 해당하는 단어를 고르시오.

01 The singers performed a _____ of their favorite song.

그 가수들은 자신들이 좋아하는 곡을 이중창으로 불렀다.

① duplicate   ② duet   ③ dioxide

02 She doctors and cures all manner of men with _____ success. 교과서

그녀는 놀라운 성공을 거두며 모든 종류의 사람들을 진료하고 치료한다.

① ordinary   ② extreme   ③ extraordinary

03 The _____ view from the top of the mountain was breathtaking.

산 정상에서 바라본 대단히 훌륭한 경치는 숨이 멎을 정도였다.

① superb   ② inferior   ③ supernatural

04 Solids _____ the sound waves much better than air. 학평

고체는 공기보다 음파를 훨씬 더 잘 전달한다.

① transform   ② translate   ③ transfer

어원 Review

⁰¹ up- _____   ⁰⁴ contra- _____   ⁰⁷ for- _____

⁰² dia- _____   ⁰⁵ auto- _____   ⁰⁸ anti- _____

⁰³ fore- _____   ⁰⁶ intro- _____   ⁰⁹ by- _____

A 영어 단어를 보고 알맞은 뜻을, 뜻을 보고 알맞은 영어 단어를 쓰시오.

01 authenticity _____   11 똑바른, 수직의, 곧은 _____

02 introduction _____   12 당뇨병 _____

03 introspective _____   13 지름, 직경 _____

04 antarctic _____   14 예견하다, 예상하다 _____

05 bypass _____   15 선조, 조상 _____

06 update _____   16 내성[내향]적인 사람 _____

07 contrast _____   17 용서하다 _____

08 contrary _____   18 항생제, 항생 물질 _____

09 uphold _____   19 금지하다 _____

10 bystander _____   20 항체 _____

B 다음 영영풀이에 해당하는 단어를 보기에서 골라 쓰시오.

| 보기 | dialect   dialogue   autograph   automatic   forehead

01 _____ a communication between two or more people

02 _____ the signature of a famous or admired person

03 _____ a form of a language spoken in a particular area

04 _____ capable of operating without external control

C 다음 밑줄 친 부분과 뜻이 가장 가까운 단어를 고르시오.

01 In a philosophical <u>dialogue</u>, the participants are aware that there are things they do not know or understand. 학평

① conversation　　② dialect　　③ autograph

02 The judge <u>upheld</u> the law, believing that it was right.

① updated　　② forbade　　③ supported

03 Quite the <u>contrary</u>: while we sleep, our brain remains active. 학평

① authentic　　② opposite　　③ introspective

D 다음 문장의 의미에 맞게 해당하는 단어를 고르시오.

01 The production of electricity often generates heat as a _____.
전기 생산은 종종 부산물로 열을 발생시킨다.

① by-product　　② bypass　　③ bystander

02 The presence of _____ in her bloodstream indicated an immune response.
그녀의 혈류 안의 항체의 존재는 면역 반응을 나타냈다.

① antarctic　　② antibodies　　③ antibiotics

03 His claim sparked much _____ in the science community. 학평
그의 주장은 과학계에서 많은 논란을 불러일으켰다.

① controversy　　② authenticity　　③ contrast

04 The prophet was renowned for his ability to _____ events accurately.
그 예언자는 사건을 정확하게 예언하는 능력으로 유명했다.

① foretell　　② forbid　　③ forgive

어원 Review

01 sta · _____   02 fac(t) _____

A 영어 단어를 보고 알맞은 뜻을, 뜻을 보고 알맞은 영어 단어를 쓰시오.

01 statistics	_____	11 구성되다, 이루어지다	_____
02 instant	_____	12 상태, 지위, 말하다	_____
03 destination	_____	13 일정한, 끊임없는	_____
04 institute	_____	14 세우다, 설립하다	_____
05 destiny	_____	15 요인, 요소	_____
06 steady	_____	16 시설, 기능, 재능, 쉬움	_____
07 arrest	_____	17 기준, 표준, 표준의	_____
08 manufacture	_____	18 사유지, 재산, 계급	_____
09 effect	_____	19 저항하다, 견디다	_____
10 affect	_____	20 결함, 결점	_____

B 다음 영영풀이에 해당하는 단어를 보기에서 골라 쓰시오.

| 보기 | stable   install   statue   obstacle   substitute

01 _____ in a good condition that is not likely to change

02 _____ something that makes it hard to do something

03 _____ to place machinery in position and adjust for use

04 _____ to add or use in place of something

C

• 다음 밑줄 친 부분과 뜻이 가장 가까운 단어를 고르시오.

01 In the early 1940s, she gained star status in Hollywood. 학평

① rank   ② fate   ③ stability

02 It is difficult for any of us to maintain a constant level of attention. 학평

① immediate   ② instant   ③ steady

03 Water is one of the most important substances on our planet. 교과서 변형

① estates   ② materials   ③ obstacles

• 다음 밑줄 친 부분의 반대말로 가장 알맞은 단어를 고르시오.

04 If the item has any defects, you should send it back to the manufacturer.

① faults   ② merits   ③ flaws

D

다음 문장의 의미에 맞게 해당하는 단어를 고르시오.

01 Jessica had a _____ for seeing what other people miss.
Jessica에게는 다른 사람들이 놓치는 것을 보는 능력이 있었다.

① factor   ② faculty   ③ disability

02 Today you have a different _____. 학평
오늘날 여러분은 다른 기준을 가지고 있다.

① standard   ② statue   ③ state

03 Yeti crabs survive by growing bacteria on their hairy claws, which _____ their main food source. 교과서 변형
예티 크랩은 털이 가득한 집게발에 박테리아를 키우며 생존하는데, 그것은 그들의 주요 식량원이 된다.

① institute   ② substitute   ③ constitute

04 There are many _____ surrounding the world of the theater. 학평
연극계를 둘러싸고 있는 많은 미신이 있다.

① statistics   ② destinies   ③ superstitions

⁰¹ fac(t) _____   ⁰² vis _____   ⁰³ tract _____

A 영어 단어를 보고 알맞은 뜻을, 뜻을 보고 알맞은 영어 단어를 쓰시오.

01	figure	_____	11	면접, 인터뷰, 면접을 보다 _____
02	difficulty	_____	12	산만하게 하다 _____
03	vision	_____	13	고안, 기기, 장치 _____
04	evidence	_____	14	효율적인, 능률적인 _____
05	abstract	_____	15	충분한 _____
06	affair	_____	16	패배시키다, 패배 _____
07	benefit	_____	17	충족[만족]시키다 _____
08	extract	_____	18	보다, 견해, 전망 _____
09	supervise	_____	19	목격하다, 목격자, 증인 _____
10	envy	_____	20	뛰어난 재주, 위업 _____

B 다음 영영풀이에 해당하는 단어를 보기에서 골라 쓰시오.

| 보기 | profit   revise   fiction   qualify   survey

01 _____ literary works invented by the imagination

02 _____ to make changes especially to improve something

03 _____ a financial gain that is made in a business

04 _____ to provide with the abilities necessary for a task

C 다음 밑줄 친 부분과 뜻이 가장 가까운 단어를 고르시오.

01 It is very difficult to actually discern the envy that motivates people's actions.
① difficulty   ② jealousy   ③ advice   학평

02 These features of the smartphone have resulted in new picture-taking habits.
① figures   ② characteristics   ③ profits   교과서

03 He continued to supervise the building of the bridge for years.
① survey   ② witness   ③ direct

D 다음 문장의 의미에 맞게 해당하는 단어를 고르시오.

01 Television coverage of the Olympics focuses on the _____ the athletes perform. 학평 변형
올림픽의 텔레비전 보도는 선수들이 보이는 뛰어난 재주에 초점을 맞춘다.
① feats   ② defeats   ③ benefits

02 To communicate, we have to be _____ in several languages.
의사소통하기 위해서 우리는 여러 언어에 능숙해야 한다.
① efficient   ② proficient   ③ sufficient

03 I would always _____ that you use your loudest voice incredibly rarely.
나는 가장 큰 목소리는 놀랍도록 드물게 써야 한다고 항상 조언하고자 한다.   수능 변형
① advise   ② revise   ③ devise

04 The gym will stay locked until we all satisfy the terms of this _____.
우리 모두가 이 계약 조건을 충족시킬 때까지 체육관은 잠겨 있을 것이다.   교과서
① affair   ② extract   ③ contract

어원 Review

⁰¹ tract _____ ⁰² vent _____ ⁰³ cap _____

A 영어 단어를 보고 알맞은 뜻, 뜻을 보고 알맞은 영어 단어를 쓰시오.

01 trade _____

02 track _____

03 trail _____

04 avenue _____

05 capable _____

06 perceive _____

07 occupy _____

08 intervention _____

09 revenue _____

10 deceive _____

11 주방장, 요리사 _____

12 생각하다, 상상하다 _____

13 받다, 수용하다 _____

14 포획하다, 포착하다, 포로 _____

15 편리한, 가까운 _____

16 도래, 출현 _____

17 막다, 예방하다, 방지하다 _____

18 (중요한) 사건, 행사, 결과 _____

19 (초상화를) 그리다 _____

20 주요한, 우두머리 _____

B 다음 영영풀이에 해당하는 단어를 보기에서 골라 쓰시오.

| 보기 | retreat   invent   participate   portray   souvenir

01 _____ a thing that is kept as a reminder of a place

02 _____ to take part in doing something with others

03 _____ to move back to get away from danger

04 _____ to create something useful for the first time

C 다음 밑줄 친 부분과 뜻이 가장 가까운 단어를 고르시오.

01 If fans and members are unable to get into a venue, that <u>revenue</u> is lost forever. 학평

① avenue   ② income   ③ event

02 The hydrogen tends to <u>escape</u> into space, because it is so light that Earth's gravity cannot retain it. 학평

① occupy   ② flee   ③ capture

03 The special things that individuals do are <u>traced</u> to their genes and their brains. 모평

① participated   ② advanced   ③ tracked

D 다음 문장의 의미에 맞게 해당하는 단어를 고르시오.

01 Our brains excel at creating coherent (but not necessarily true) stories that _____ us. 학평

우리의 뇌는 우리를 속이는 일관성 있는 (그러나 반드시 사실은 아닌) 이야기를 지어내는 데 있어 탁월하다.

① deceive   ② perceive   ③ receive

02 Natural objects are not understood within a framework of culture and _____. 모평 변형

자연물은 문화와 관습의 틀 안에서 이해되지 않는다.

① advent   ② intervention   ③ convention

03 His success seems to have come from certain habits and personality _____. 교과서

그의 성공은 특정한 습관과 성격적 특성에서 비롯된 것으로 보인다.

① traits   ② portraits   ③ trails

04 _____ human beings equally requires us to take into account both their similarities and differences. 모평

인간을 동등하게 여기는 것은 우리가 그들의 유사성과 차이점을 둘 다 고려하도록 요구한다.

① Trading   ② Treating   ③ Retreating

⁰¹mit _____   ⁰²spec(t) _____   ⁰³vert _____

A 영어 단어를 보고 알맞은 뜻을, 뜻을 보고 알맞은 영어 단어를 쓰시오.

01 admit _____

02 promise _____

03 mission _____

04 messenger _____

05 species _____

06 expect _____

07 specific _____

08 specialize _____

09 suspect _____

10 spectator _____

11 장관인, 볼 만한 _____

12 ~에도 불구하고, 무례 _____

13 전환하다, 개조하다 _____

14 버전, 번역(판) _____

15 역경, 불운 _____

16 우주, 만물, 전 세계 _____

17 대화하다, 반대의, 역 _____

18 제출하다, 복종시키다 _____

19 (과오 등을) 저지르다 _____

20 수직의, 수직선 _____

B 다음 영영풀이에 해당하는 단어를 보기에서 골라 쓰시오.

| 보기 | diverse   advertise   reverse   omission   transmit

01 _____ the act of not including something or not doing something

02 _____ to change something to an opposite state

03 _____ to pass something from one person to another

04 _____ to make people aware of something that is being sold

C • 다음 밑줄 친 부분과 뜻이 가장 가까운 단어를 고르시오.

01 When I was in the army, the first thing my instructors would <u>inspect</u> was our bed. 학평

① suspect ② expect ③ investigate

02 Newton explained a <u>diverse</u> range of phenomena using his law of gravity.

① spectacular ② various ③ reverse 학평

03 Dogs of any size are not <u>permitted</u> on the train. 학평

① allowed ② conversed ③ converted

• 다음 밑줄 친 부분의 반대말로 가장 알맞은 단어를 고르시오.

04 <u>Vertical</u> farming with an electric light source is now widely used in many countries. 교과서

① Diverse ② Spectacular ③ Horizontal

D 다음 문장의 의미에 맞게 해당하는 단어를 고르시오.

01 It results in a sort of _____ between abstraction and accuracy. 학평 변형
그것은 추상과 정확성 간의 일종의 타협을 초래한다.

① promise ② compromise ③ permission

02 Living things _____ carbon dioxide when they breathe. 학평
생물은 숨을 쉴 때 이산화탄소를 배출한다.

① emit ② transmit ③ omit

03 There are also some negative _____ that we should consider, such as potential issues with privacy and security. 교과서
사생활과 보안에 관련된 잠재적인 문제처럼, 우리가 고려해야 할 몇몇 부정적인 측면들도 있다.

① spectators ② suspects ③ aspects

04 Algorithms can predict whether a prisoner released on parole will go on to _____ another crime. 수능 변형
알고리즘은 가석방으로 풀려난 죄수가 계속해서 다른 범죄를 저지를 것인지 예측할 수 있다.

① commit ② admit ③ reverse

어원 Review

| 01 vert | _____ | 03 par | _____ | 05 gen | _____ |
| 02 pos | _____ | 04 mod | _____ | | |

A 영어 단어를 보고 알맞은 뜻을, 뜻을 보고 알맞은 영어 단어를 쓰시오.

01	gene	_____	11	장치, 기구, 기관	_____
02	oxygen	_____	12	나타나다, ~인 것 같다	_____
03	commodity	_____	13	수리하다, 수리, 보수	_____
04	accommodate	_____	14	황제, 제왕	_____
05	pose	_____	15	방식, 수단, 기분	_____
06	position	_____	16	반대하다, 대항하다	_____
07	deposit	_____	17	적정한, 온건한, 완화하다	_____
08	disposable	_____	18	현대의, 현대인	_____
09	compare	_____	19	진짜의, 진품의, 진심의	_____
10	apparent	_____	20	연기하다, 미루다	_____

B 다음 영영풀이에 해당하는 단어를 보기에서 골라 쓰시오.

| 보기 | divorce   modify   genius   modest   compound |

01 _____ the legal ending of a marriage

02 _____ to change something slightly in order to make it more suitable

03 _____ not too confident about yourself or your abilities

04 _____ something that is composed of two or more separate elements

C

• 다음 밑줄 친 부분과 뜻이 가장 가까운 단어를 고르시오.

01 Right before the launch, engineers advised that the launching be <u>postponed</u>.
① adjusted　　　② repaired　　　③ delayed　　　교과서

02 The concern must be <u>genuine</u> — the students can't be fooled. 학평
① genetic　　　② authentic　　　③ apparent

• 다음 밑줄 친 부분의 반대말로 가장 알맞은 단어를 고르시오.

03 Some specimens like zebra fish are almost <u>transparent</u> by nature.
① modern　　　② opaque　　　③ disposable

04 He always noted observations that were <u>opposed</u> to what he thought. 교과서
① advocated　　　② deposited　　　③ vanished

D

다음 문장의 의미에 맞게 해당하는 단어를 고르시오.

01 When you head off into the wilderness, it is important to fully _____ for the environment. 학평
여러분이 미지의 땅으로 향할 때는, 그 환경에 대해 충분히 준비하는 것이 중요하다.
① prepare　　　② compare　　　③ appear

02 _____ we know that Paula suffers from a severe phobia. 수능
Paula가 극심한 공포증을 겪는다는 것을 우리가 안다고 가정해 보자.
① Suppose　　　② Position　　　③ Pose

03 Some protectants in their body mass prevent the main _____ of their cells from being destroyed. 교과서
그것들의 몸속의 일부 보호제들은 세포의 주요 구성 요소가 파괴되는 것을 방지한다.
① compounds　　　② commodities　　　③ components

04 Music is used to _____ customer experience and behavior. 학평
음악은 고객의 경험과 행동을 형성하는 데 사용된다.
① modify　　　② accommodate　　　③ mold

어원 Review

01 gen	_____	03 act	_____	05 sign	_____
02 sens	_____	04 tend	_____		

A 영어 단어를 보고 알맞은 뜻, 뜻을 보고 알맞은 영어 단어를 쓰시오.

01 scent	_____	11 (예술 작품의) 장르, 종류	_____
02 actual	_____	12 낳다, 생성하다	_____
03 exact	_____	13 분별 있는, 느끼고 있는	_____
04 react	_____	14 터무니없는 생각, 당찮음	_____
05 enact	_____	15 감정, 정서, (지나친) 감상	_____
06 agent	_____	16 기호, 표시, 서명하다	_____
07 tend	_____	17 의도하다, 작정하다	_____
08 extend	_____	18 배정하다, 할당하다	_____
09 tender	_____	19 관대한, 너그러운	_____
10 significant	_____	20 활동적인, 적극적인	_____

B 다음 영영풀이에 해당하는 단어를 보기에서 골라 쓰시오.

| 보기 | sentence   attend   pretend   pregnant   resent

01 _____ having a baby developing inside the body

02 _____ to be angry about something that you think is unfair

03 _____ to act as if something is true when it is not true

04 _____ a group of words that expresses a statement

C •다음 밑줄 친 부분과 뜻이 가장 가까운 단어를 고르시오.

01 He <u>assigned</u> all classes three reports over the course of the semester. 학평

① allotted ② extended ③ attended

02 As an important symbol, the flag sends an <u>ambiguous</u> message.

① significant ② sensible ③ vague

03 I have somewhat reluctantly <u>consented</u> to the publication of this little book.

① generated ② agreed ③ enacted

•다음 밑줄 친 부분의 반대말로 가장 알맞은 단어를 고르시오.

04 The elders gave me much advice, and people were kind and <u>generous</u>. 학평

① mean ② tender ③ sensitive

D 다음 문장의 의미에 맞게 해당하는 단어를 고르시오.

01 Communication _____ are mostly sent out by the "mother tree" of the forest. 교과서

의사소통 신호는 대부분 숲의 '엄마 나무'에 의해 보내진다.

① signatures ② signals ③ sensations

02 We are mostly doing what we _____ to do, even though it's happening automatically. 학평

비록 그것이 자동적으로 일어나기는 하지만, 대체로 우리는 우리가 하고자 의도하는 것을 하고 있다.

① intend ② pretend ③ tend

03 Teachers take an _____ role in developing and deepening students' comprehension. 학평

교사는 학생들의 이해를 진전시키고 심화시키는 데 있어 적극적인 역할을 한다.

① actual ② active ③ exact

04 The _____ light source is indispensable for photosynthesis. 교과서

강렬한 광원은 광합성에 없어서는 안 된다.

① extensive ② attentive ③ intense

어원 Review

⁰¹ sign _____   ⁰³ plic _____   ⁰⁵ rect _____

⁰² medi _____   ⁰⁴ hab _____

A   영어 단어를 보고 알맞은 뜻을, 뜻을 보고 알맞은 영어 단어를 쓰시오.

01 intermediate _____

02 region _____

03 complicate _____

04 designate _____

05 mediate _____

06 apply _____

07 exploit _____

08 regular _____

09 behave _____

10 prohibit _____

11 단순(함), 간단 _____

12 직접의, 향하게 하다 _____

13 전시하다, 전시(품) _____

14 살다, 거주하다 _____

15 당혹하게 하다 _____

16 습관, 버릇, 습성 _____

17 그 사이, 그동안에 _____

18 암시하다, 함축하다 _____

19 중간, 매체, 중간의 _____

20 의미하다, 비열한 _____

B   다음 영영풀이에 해당하는 단어를 보기에서 골라 쓰시오.

| 보기 | resign   employ   habitat   royal   regulate

01 _____ relating to or belonging to a king or queen

02 _____ the natural home of a plant or animal

03 _____ to give up a job or position in an official way

04 _____ to control an activity or process, especially by rules

C

• 다음 밑줄 친 부분과 뜻이 가장 가까운 단어를 고르시오.

01 The complicated format seemed to <u>perplex</u> some of the students.

① puzzle   ② seal   ③ apply

02 Responses to threats are harder to <u>inhibit</u> than responses to opportunities and pleasures. 학평

① direct   ② constrain   ③ designate

• 다음 밑줄 친 부분의 반대말로 가장 알맞은 단어를 고르시오.

03 Despite its <u>simplicity</u>, the sign delights me. 교과서

① sensation   ② commodity   ③ complexity

D

다음 문장의 의미에 맞게 해당하는 단어를 고르시오.

01 You will be able to work best if you concentrate on your studies but allow yourself _____ breaks. 학평

여러분이 공부에 집중하되 규칙적인 휴식을 허락하면 공부를 가장 잘할 수 있을 것이다.

① royal   ② direct   ③ regular

02 The most _____ members try to counter the threat alternative therapies pose to their work. 학평

가장 완고한 구성원들은 대체 의학 요법이 자신들의 연구에 가하는 위협에 반격하려 한다.

① rigid   ② mean   ③ mediate

03 We are _____ it was obtained through illegal or questionable means.

우리는 그것이 불법적이거나 의심스러운 수단을 통해 얻어졌다는 것을 암시하고 있다. 학평

① employing   ② implying   ③ applying

04 Many parents do not understand why their teenagers occasionally _____ in an irrational or dangerous way. 학평

많은 부모들은 그들의 십 대 아이들이 때때로 비합리적이거나 위험한 방식으로 행동하는 이유를 이해하지 못한다.

① behave   ② regulate   ③ inhabit

01 rect _____ 03 cede _____ 05 lig _____

02 lect _____ 04 ment _____ 06 sid _____

A 영어 단어를 보고 알맞은 뜻을, 뜻을 보고 알맞은 영어 단어를 쓰시오.

01 precede _____ 11 모으다, 수집하다 _____

02 reign _____ 12 상기시키다, 생각나게 하다 _____

03 rely _____ 13 말하다, 언급 _____

04 monitor _____ 14 동맹국, 동맹하다 _____

05 oblige _____ 15 그만두다, 멈추다 _____

06 liable _____ 16 논평, 언급, 논평하다 _____

07 reside _____ 17 전임자, 선행자 _____

08 mental _____ 18 강의, 강연, 강의하다 _____

09 neglect _____ 19 전설, 전설적인 인물 _____

10 procedure _____ 20 넘다, 초과하다 _____

B 다음 영영풀이에 해당하는 단어를 보기에서 골라 쓰시오.

| 보기 | summon   monument   religion   elect   league

01 _____ to order someone to come to a place

02 _____ to choose someone for an official position by voting

03 _____ a building, statue, or other large structure that honors a
person or event

04 _____ the belief in one or more gods

C 다음 밑줄 친 부분과 뜻이 가장 가까운 단어를 고르시오.

01 Today, Vera Wang is a world-famous designer whose <u>elegant</u> dresses are sought after by celebrities the world over. 교과서

① liable   ② intellectual   ③ graceful

02 Many animals have a variety of food sources and don't just <u>rely</u> on one plant.
① reside   ② depend   ③ reign   학평

03 The Virtual Gala will include musical performances, special <u>lectures</u>, and live auctions! 학평

① speeches   ② legends   ③ monitors

D 다음 문장의 의미에 맞게 해당하는 단어를 고르시오.

01 They had _____ to the same literature as everyone else. 학평
그들은 다른 사람들과 똑같은 문헌에 접근할 수 있었다.

① comment   ② access   ③ procedure

02 He always _____ us that everyone is important to a team's success.
그는 항상 우리에게 모든 사람이 팀의 성공에 중요하다는 것을 상기시킨다.

① obliges   ② ceases   ③ reminds

03 Some 25,000 people attended a mass _____ in support of the strike.
약 25,000명의 사람들이 그 파업을 지지하는 대규모 집회에 참가했다.

① rally   ② ally   ③ league

04 The noise _____ the earthquake by one or two seconds.
그 소음은 지진에 1~2초 선행했다.

① exceeded   ② preceded   ③ neglected

어원 Review

01 sid	_____	03 dict	_____	05 leg	_____
02 pass	_____	04 pel	_____		

A 영어 단어를 보고 알맞은 뜻을, 뜻을 보고 알맞은 영어 단어를 쓰시오.

01	legitimate	_____	11	충동, 자극	_____
02	dedicate	_____	12	호소하다, 간청, 매력	_____
03	pulse	_____	13	대통령, 사장, 의장	_____
04	subside	_____	14	정착하다, 해결하다	_____
05	contradict	_____	15	사전, 용어집	_____
06	passerby	_____	16	속도, 걸음, 보폭	_____
07	surpass	_____	17	받아쓰게 하다, 명령	_____
08	passport	_____	18	취미, 기분 전환	_____
09	compel	_____	19	나타내다, 가리키다	_____
10	privilege	_____	20	쫓아내다, 추방하다	_____

B 다음 영영풀이에 해당하는 단어를 보기에서 골라 쓰시오.

| 보기 | assess   addiction   polish   index   passenger

01 _____ a person who is traveling in a car, plane, boat, etc, but is not driving it or working on it

02 _____ to make something smooth and shiny by rubbing it

03 _____ an alphabetical list of names, subjects, etc. at the back of a book

04 _____ to make a judgment about a person or situation

C 다음 밑줄 친 부분과 뜻이 가장 가까운 단어를 고르시오.

01 She said they were able to surpass the world record in less than six minutes.

① indicate   ② exceed   ③ contradict

02 Coastal fishing is a popular pastime for millions of people around the world.

① addiction   ② pace   ③ hobby

03 It will be changing the way health is assessed and medicine is practiced in the future. 교과서

① evaluated   ② subsided   ③ dictated

D 다음 문장의 의미에 맞게 해당하는 단어를 고르시오.

01 Early astronomy gave humans their first formal method of recording the _____ of time. 모평

초기 천문학은 인간에게 시간의 경과를 기록하는 최초의 공식적인 방법을 제공했다.

① passenger   ② appeal   ③ passage

02 If the reflective brain is busy figuring something else out, then _____ can easily win. 학평

숙고하는 뇌가 다른 어떤 것을 알아내느라 바쁘다면, 충동이 쉽게 이길 수 있다.

① impulse   ② privilege   ③ pulse

03 Many people cannot understand *what* there is about birds to become _____ about. 학평

새에게 사로잡힐 만한 것이 도대체 '무엇'이 있는지 많은 사람은 이해하지 못한다.

① obsessed   ② polished   ③ dedicated

04 How can we construct a model boat that is _____ by solar energy?

어떻게 하면 우리가 태양 에너지로 추진되는 모형 보트를 만들 수 있을까?

① compelled   ② expelled   ③ propelled

어원 Review

01 leg	_____	03 just	_____	05 mov	_____
02 strict	_____	04 crea	_____	06 clos	_____

A 영어 단어를 보고 알맞은 뜻을, 뜻을 보고 알맞은 영어 단어를 쓰시오.

01	mobile	_____	11	해협, 곤경, 궁핍	_____
02	strain	_____	12	엄격한, 엄밀한	_____
03	judge	_____	13	동료, 동업자	_____
04	recreate	_____	14	움직이다, 움직임	_____
05	motor	_____	15	순간, 찰나, 시기	_____
06	decrease	_____	16	감정, 정서	_____
07	justify	_____	17	닫은, 가까운, 닫다	_____
08	prejudice	_____	18	증가, 늘리다	_____
09	prestige	_____	19	창조[창작]하다	_____
10	legislation	_____	20	공정한, 정확히	_____

B 다음 영영풀이에 해당하는 단어를 보기에서 골라 쓰시오.

보기	injure recruit motive legacy district

01 _____ to find suitable people to work in a company, join an organization, do a job, etc.

02 _____ something that happens or exists as a result of things that happened at an earlier time

03 _____ to hurt yourself or someone else, for example in an accident or an attack

04 _____ an area of a town or the countryside, especially one with particular features

C

・다음 밑줄 친 부분과 뜻이 가장 가까운 단어를 고르시오.

01 Since I joined in 2015, I have been a <u>loyal</u> and essential member of this company. 학평
 ① concrete   ② faithful   ③ close

02 Rome left an enduring <u>legacy</u> in many areas and multiple ways. 학평
 ① justice   ② inheritance   ③ motor

・다음 밑줄 친 부분의 반대말로 가장 알맞은 단어를 고르시오.

03 Goddard realized the importance of setting <u>concrete</u> life goals. 교과서
 ① abstract   ② legal   ③ just

04 Hubert Cecil Booth is often credited with inventing the first powered <u>mobile</u> vacuum cleaner. 학평
 ① strict   ② intellectual   ③ stationary

D

다음 문장의 의미에 맞게 해당하는 단어를 고르시오.

01 Tax is the application of a society's theories of distributive _____. 모평
 세금은 사회의 분배 정의 이론에 대한 적용이다.
 ① justice   ② judge   ③ prejudice

02 You are less likely to have doubt as the source of your _____. 학평
 여러분은 괴로움의 원천인 의심을 덜 가지게 될 것이다.
 ① emotion   ② distress   ③ motive

03 They achieve esteem and _____ through caring for others.
 그들은 다른 사람들을 배려함으로써 존경과 명망을 얻는다.
 ① prejudice   ② recruit   ③ prestige

04 Such a move, however, puts _____ on the environment, in particular on the land and water resources of the earth.
 하지만 그런 움직임은 환경, 특히 지구의 토지와 수자원에 부담을 준다.
 ① strain   ② strait   ③ impulse

어원 Review

01 clos	_____	03 part	_____	05 grat	_____
02 fin	_____	04 der	_____	06 serv	_____

A 영어 단어를 보고 알맞은 뜻을, 뜻을 보고 알맞은 영어 단어를 쓰시오.

01 congratulate _____

02 define _____

03 edit _____

04 gratify _____

05 rent _____

06 portion _____

07 finance _____

08 enclose _____

09 agree _____

10 render _____

11 벽장, 드러나지 않은 _____

12 마지막의, 결승전 _____

13 부분, 비율 _____

14 관찰하다, 주시하다 _____

15 전통, 전승 _____

16 감사, 사의 _____

17 작은 조각, 입자 _____

18 국한시키다, 한정하다 _____

19 결론짓다, 종결하다 _____

20 떨어져, ~와 떨어진 _____

B 다음 영영풀이에 해당하는 단어를 보기에서 골라 쓰시오.

| 보기 | refine | infinite | surrender | partial | disclose |

01 _____ to make a substance purer using an industrial process

02 _____ not complete or total

03 _____ to give the control or use of something to someone else

04 _____ very great in amount or degree

C

• 다음 밑줄 친 부분과 뜻이 가장 가까운 단어를 고르시오.

01 By the look on her face I could tell how grateful she was. 학평

① partial   ② thankful   ③ infinite

02 They show a willingness to disclose information about themselves to strangers. 학평

① enclose   ② conclude   ③ reveal

• 다음 밑줄 친 부분의 반대말로 가장 알맞은 단어를 고르시오.

03 Leonardo da Vinci collaborated with other people to add the finer details. 학평

① subtract   ② surrender   ③ congratulate

04 The tasty history of food includes what happens when cuisine and culture intertwine. 교과서

① discloses   ② excludes   ③ renders

D

다음 문장의 의미에 맞게 해당하는 단어를 고르시오.

01 Many other of the substances plants make draw other creatures to them by stirring and _____ their desire. 학평

식물들이 만드는 상당수의 다른 물질들은 다른 생물의 욕구를 자극하고 충족시켜줌으로써 그것을 식물들 쪽으로 끌어당긴다.

① agreeing   ② editing   ③ gratifying

02 A strategy is designed to prevent a rival from starting some _____ activity. 학평

전략은 경쟁자가 어떤 특정한 활동을 시작하는 것을 막기 위해 설계된다.

① apart   ② final   ③ particular

03 Mark was upset at first, but soon began to win and lose with more _____. 학평

Mark는 처음에는 화를 냈지만, 곧 더 품위 있게 이기고 지기를 시작했다.

① grace   ② gratitude   ③ proportion

04 There have been many attempts to _____ what music is. 수능

음악이 무엇인가를 정의하기 위한 많은 시도가 있어 왔다.

① confine   ② define   ③ refine

어원 Review

01 serv	_____	03 cogn	_____	05 tain	_____
02 struct	_____	04 sum	_____	06 ple	_____

A 영어 단어를 보고 알맞은 뜻을, 뜻을 보고 알맞은 영어 단어를 쓰시오.

01	supplement	_____	11 남겨두다, 비축	_____
02	presume	_____	12 목차, 내용(물)	_____
03	contain	_____	13 도구, 기구를 설치하다	_____
04	exemplify	_____	14 소비하다, 다 써버리다	_____
05	destroy	_____	15 다시 시작하다	_____
06	ignore	_____	16 알아보다, 인지하다	_____
07	conserve	_____	17 업계, 공업, 산업	_____
08	dessert	_____	18 가정[추정]하다, 맡다	_____
09	instruct	_____	19 요약, 간략한	_____
10	deserve	_____	20 인정하다, 승인하다	_____

B 다음 영영풀이에 해당하는 단어를 보기에서 골라 쓰시오.

보기	tenant	construct	noble	diagnose	preserve

01 _____ to find out what illness someone has after doing tests, examinations, etc.

02 _____ morally good or generous in a way that is admired

03 _____ to build something such as a house, bridge, road, etc.

04 _____ someone who lives in a house, room, etc. and pays rent to the person who owns it

C 다음 밑줄 친 부분과 뜻이 가장 가까운 단어를 고르시오.

01 A virtual world cannot be long <u>sustained</u> by a mere handful of adherents. 학평

① maintained   ② presumed   ③ consumed

02 Regina is starting to feel even more pressure to <u>retain</u> her looks. 교과서

① content   ② preserve   ③ supplement

03 When an ecosystem is biodiverse, wildlife have more opportunities to <u>obtain</u> food and shelter. 학평

① resume   ② recognize   ③ gain

D 다음 문장의 의미에 맞게 해당하는 단어를 고르시오.

01 Teachers need to _____ themselves with new virtual tools.
교사들은 스스로 새로운 가상 도구를 숙지시킬 필요가 있다.

① exemplify   ② assume   ③ acquaint

02 The townspeople _____ the ship for years and years. 학평
그 도시 주민들은 그 배를 여러 해 동안 보존했다.

① deserved   ② preserved   ③ instructed

03 Neurons, which are special brain cells, make up different _____ in our brains. 교과서
특수한 뇌세포인 뉴런은 우리 뇌 속에 상이한 구조들을 형성하고 있다.

① industries   ② contents   ③ structures

04 We often _____ small changes because they don't seem to matter very much in the moment. 학평
우리는 흔히 작은 변화들이 당장은 크게 중요한 것 같지 않아서 그것들을 무시한다.

① ignore   ② acknowledge   ③ instrument

어원 Review

01 ple	_____	03 grad	_____	05 it	_____
02 path	_____	04 fa	_____	06 min	_____

A 영어 단어를 보고 알맞은 뜻을, 뜻을 보고 알맞은 영어 단어를 쓰시오.

01	initial	_____	11	수송, 통과하다	_____
02	graduate	_____	12	전문적인, 전문직 종사자	_____
03	passive	_____	13	망설이다, 주저하다	_____
04	degree	_____	14	운명, 숙명	_____
05	infant	_____	15	열정, 격정	_____
06	upgrade	_____	16	등급, 나누다	_____
07	compassion	_____	17	도구, 용구, 시행하다	_____
08	supply	_____	18	야망, 야심	_____
09	patient	_____	19	줄이다, 약화시키다	_____
10	compliment	_____	20	보완물, 보완하다	_____

B 다음 영영풀이에 해당하는 단어를 보기에서 골라 쓰시오.

| 보기 | fable   confess   sympathy   perish   aggressive |

01 _____ the feeling of being sorry for someone who is in a bad situation

02 _____ ready and willing to fight, argue, etc.

03 _____ to die, especially in a terrible or sudden way

04 _____ a traditional short story that teaches a moral lesson, especially a story about animals

C

• 다음 밑줄 친 부분과 뜻이 가장 가까운 단어를 고르시오.

01 The desire for fame has its roots in the experience of neglect. 학평

① ambition   ② reputation   ③ fate

02 Your feelings of threat and danger would be diminished. 학평

① decreased   ② upgraded   ③ implemented

• 다음 밑줄 친 부분의 반대말로 가장 알맞은 단어를 고르시오.

03 The trail begins with a gradual descent to a stream.

① sudden   ② passive   ③ plenty

04 Joe dashes ahead of you and blocks the exit door from the outside. 학평

① initial   ② entrance   ③ passage

D

다음 문장의 의미에 맞게 해당하는 단어를 고르시오.

01 Anger and _____ can't exist in the same place at the same time. 학평

분노와 공감은 같은 시간 같은 장소에 존재할 수 없다.

① compliment   ② passion   ③ empathy

02 Finding a way to continually _____ astronauts with fresh food has long been a desire for NASA. 교과서

우주 비행사들에게 신선한 음식을 계속해서 공급하는 방법을 찾는 것은 NASA의 오랜 숙원이었다.

① hesitate   ② supply   ③ transit

03 He _____ that he was having a great deal of trouble completing his tasks.

그는 자신의 업무를 완수하는 데 많은 어려움을 겪고 있다고 고백했다.

① preserved   ② confessed   ③ complemented

04 Some trees have _____ of sugar and some have less. 학평

어떤 나무들은 많은 당을 가지고 있지만, 어떤 나무들은 더 적게 가지고 있다.

① grade   ② degree   ③ plenty

어원 Review

01 min	_____	03 sci	_____	05 val	_____
02 voc	_____	04 rat	_____	06 nat	_____

A 영어 단어를 보고 알맞은 뜻을, 뜻을 보고 알맞은 영어 단어를 쓰시오.

01 provoke	_____	11 잠재의식의, 잠재의식	_____
02 administer	_____	12 천직, 소명	_____
03 vocabulary	_____	13 최소의, 최소한도	_____
04 unconscious	_____	14 과학, 학문	_____
05 eminent	_____	15 의식하는, 자각하는	_____
06 ratio	_____	16 가치, 소중하게 여기다	_____
07 prevail	_____	17 비율, 평가하다	_____
08 native	_____	18 이성, 추론하다	_____
09 available	_____	19 타당한, 유효한	_____
10 rational	_____	20 자연, 본질	_____

B 다음 영영풀이에 해당하는 단어를 보기에서 골라 쓰시오.

보기	innate evoke prominent advocate minister

01 _____ someone who publicly supports someone or something

02 _____ to bring a memory or feeling into the mind

03 _____ an official who is in charge of a government department

04 _____ important and well-known

C

• 다음 밑줄 친 부분과 뜻이 가장 가까운 단어를 고르시오.

01 Most kids have an <u>irrational</u> dread of hospitals.

① unreasonable   ② valid   ③ conscious

02 They may learn how to <u>evaluate</u> research methodology. 학평

① administer   ② assess   ③ advocate

• 다음 밑줄 친 부분의 반대말로 가장 알맞은 단어를 고르시오.

03 Years of evolution and information being passed down created this <u>innate</u> intelligence. 학평

① rational   ② subconscious   ③ acquired

D

다음 문장의 의미에 맞게 해당하는 단어를 고르시오.

01 A leader guided by his _____ will always do the right thing.
자신의 양심으로 인도되는 지도자는 항상 옳은 일을 할 것이다.

① value   ② reason   ③ conscience

02 In order to explain something, whatever it is, we need to _____ something else. 학평
무언가를 설명하기 위해서는, 그것이 무엇이든 간에, 우리는 다른 무언가를 언급해야 한다.

① evoke   ② provoke   ③ invoke

03 There are several different types of creativity — some of them conscious, some of them _____. 학평
몇 가지 다른 형태의 창의성이 있는데, 그것들 중 일부는 의식적인 것이고, 일부는 무의식적인 것이다.

① rational   ② unconscious   ③ subconscious

04 Sighted and blind athletes from 37 _____ competed. 학평
37개 국가 출신의 볼 수 있는 선수들과 시각 장애가 있는 선수들이 시합을 치렀다.

① nations   ② rates   ③ natives

어원 Review

01 nat _____	04 us _____	07 tact _____
02 quir _____	05 fort _____	
03 simil _____	06 ject _____	

A 영어 단어를 보고 알맞은 뜻을, 뜻을 보고 알맞은 영어 단어를 쓰시오.

01 inquire _____	11 비슷한, 유사물 _____
02 utilize _____	12 요구하다, 명하다 _____
03 reinforce _____	13 사용, 관습 _____
04 reject _____	14 계획, 프로젝트 _____
05 subject _____	15 집행하다, 시행하다 _____
06 force _____	16 접촉, 연락, 접촉의 _____
07 utensil _____	17 동시에, 일제히 _____
08 simulate _____	18 획득하다, 습득하다 _____
09 request _____	19 정복하다, 이기다 _____
10 object _____	20 흡수, 동화 _____

B 다음 영영풀이에 해당하는 단어를 보기에서 골라 쓰시오.

보기	inject fort naive intact assemble

01 _____ to put liquid, especially a drug, into someone's body by using a special needle

02 _____ not broken, damaged, or spoiled

03 _____ a strong building or group of buildings used by soldiers or an army

04 _____ not having much experience of how complicated life is, innocent or simple

C

• 다음 밑줄 친 부분과 뜻이 가장 가까운 단어를 고르시오.

01 Education is a long-term investment of time, money, and <u>effort</u> into humans.

① project   ② endeavor   ③ force   학평

02 The medical records system is open to <u>abuse</u> by insurance companies.

① simulate   ② require   ③ misuse

• 다음 밑줄 친 부분의 반대말로 가장 알맞은 단어를 고르시오.

03 It eliminated the need for workers to <u>assemble</u> them slowly by hand. 학평

① utilize   ② inquire   ③ disassemble

04 Trying them all might mean eating more than your <u>usual</u> meal size. 학평

① similar   ② unusual   ③ naive

D

다음 문장의 의미에 맞게 해당하는 단어를 고르시오.

01 Anything of value requires that we take a risk of failure or being _____.

가치 있는 것은 어떤 것이든 우리가 실패나 거절당할 위험을 무릅쓸 것을 요구한다.   학평

① rejected   ② injected   ③ projected

02 Those who embraced the technology were able to _____ it into their work styles. 학평

기술을 포용한 이들은 그것을 그들의 작업 스타일에 흡수할 수 있었다.

① contact   ② reinforce   ③ integrate

03 Eventually, the _____ ecosystem would be affected. 교과서

결국, 전체 생태계가 영향을 받게 될 것이다.

① intact   ② entire   ③ native

04 He researched a variety of _____, including mass media and law. 수능

그는 대중 매체와 법을 포함한 다양한 주제를 연구했다.

① objects   ② usages   ③ subjects

어원 Review

01 tact	_____	04 fer	_____	07 duc	_____
02 press	_____	05 car	_____		
03 magni	_____	06 via	_____		

A   영어 단어를 보고 알맞은 뜻을, 뜻을 보고 알맞은 영어 단어를 쓰시오.

01	career	_____	11	선호하다, 좋아하다	_____
02	via	_____	12	여행, 항해, 여행하다	_____
03	induce	_____	13	추론하다, 연역하다	_____
04	discharge	_____	14	소개하다, 들여오다	_____
05	convey	_____	15	앞의, 이전의	_____
06	obvious	_____	16	회의, 회담	_____
07	compress	_____	17	최대(치), 최대의	_____
08	mayor	_____	18	표현하다, 급행의	_____
09	educate	_____	19	청구하다, 충전하다	_____
10	oppress	_____	20	압력, 압력을 가하다	_____

B   다음 영영풀이에 해당하는 단어를 보기에서 골라 쓰시오.

> | 보기 | compress   majestic   infer   carpenter   magnitude

01 _____ very big and impressively beautiful

02 _____ someone whose job is making and repairing wooden objects

03 _____ to form an opinion from evidence or information that you have

04 _____ the great size or importance of something

C • 다음 밑줄 친 부분과 뜻이 가장 가까운 단어를 고르시오.

01 Please <u>magnify</u> the text on the screen so that I can read it more easily.

① express ② charge ③ enlarge

02 They have already <u>attained</u> their desired level of income. 학평 변형

① accomplished ② inferred ③ discharged

• 다음 밑줄 친 부분의 반대말로 가장 알맞은 단어를 고르시오.

03 During the time of the pharaohs, the <u>fertile</u> soils along the Nile River supported a civilization of roughly 3 million people.

① majestic ② sterile ③ obvious

D 다음 문장의 의미에 맞게 해당하는 단어를 고르시오.

01 The factory was fined for _____ chemicals into the river.
그 공장은 화학물질을 강으로 방출한 것에 대해 벌금을 부과받았다.

① charging ② conveying ③ discharging

02 Adaptive reuse _____ to the process of reusing an old site or building for a purpose different from its original one. 교과서
적응적 재활용은 오래된 부지나 건물을 원래의 목적과 다른 목적으로 재활용하는 과정을 말한다.

① refers ② infers ③ prefers

03 He replied that he had recently attended an automobile show and had been _____. 학평
그는 최근에 자동차 쇼에 참석했고 깊은 인상을 받았다고 대답했다.

① oppressed ② pressured ③ impressed

04 The first automobile was called a "horseless" _____. 학평
최초의 자동차는 '말이 없는' 마차라고 불렸다.

① voyage ② carriage ③ carpenter

어원 Review

01 duc	_____	04 graph	_____	07 cid	_____
02 pet	_____	05 sequ	_____		
03 scrib	_____	06 alter	_____		

A 영어 단어를 보고 알맞은 뜻을, 뜻을 보고 알맞은 영어 단어를 쓰시오.

01	describe	_____	11 반복하다	_____
02	conduct	_____	12 대본, 원고	_____
03	petition	_____	13 사진, 사진을 찍다	_____
04	appetite	_____	14 결과, 영향	_____
05	subsequent	_____	15 추구하다, 뒤쫓다	_____
06	sequence	_____	16 우연한, 우발적인	_____
07	execute	_____	17 대안, 양자택일의	_____
08	alter	_____	18 단락, 짧은 글	_____
09	alternate	_____	19 전기, 일대기	_____
10	otherwise	_____	20 우연의 일치, 동시 발생	_____

B 다음 영영풀이에 해당하는 단어를 보기에서 골라 쓰시오.

| 보기 | decay   competent   inscription   subsequent   prescribe

01 _____ to say what medicine or treatment a sick person should have

02 _____ words that are written on or cut into a surface

03 _____ to be slowly destroyed by a natural chemical process

04 _____ having enough skill or knowledge to do something to a satisfactory standard

C 다음 밑줄 친 부분과 뜻이 가장 가까운 단어를 고르시오.

01 The <u>accidental</u> introduction of the snake to Guam wiped out 10 of the 12 native bird species on the island. 교과서

① competent   ② unintentional   ③ alternate

02 He gave us a <u>graphic</u> description of how his idea would work.

① alternative   ② majestic   ③ lifelike

03 The introduction of <u>alien</u> plants can result in the disruption and impoverishment of natural plant communities. 학평

① foreign   ② intact   ③ entire

D 다음 문장의 의미에 맞게 해당하는 단어를 고르시오.

01 Today, women _____ with men in once male-dominated sectors, such as politics and business. 교과서 변형
오늘날 여성들은 정치 및 사업과 같이 한때 남성이 지배하던 영역에서 남성들과 경쟁한다.

① conduct   ② compete   ③ execute

02 The president _____ his name to the document.
대통령은 그 문서에 서명했다.

① subscribed   ② described   ③ prescribed

03 You experienced an unfortunate _____ that resulted in a beverage being spilled on your coat. 학평
당신은 코트에 음료를 엎지르게 된 안타까운 사고를 경험했다.

① consequence   ② incident   ③ coincidence

04 The photographs were to be included in his as yet unwritten _____.
그 사진들은 아직 집필되지 않은 그의 자서전에 포함될 예정이었다.

① biography   ② autobiography   ③ paragraph

어원 Review

01 cid _____	04 prehend _____	07 pend _____
02 nutr _____	05 form _____	
03 sting _____	06 log _____	

A 영어 단어를 보고 알맞은 뜻을, 뜻을 보고 알맞은 영어 단어를 쓰시오.

01 comprise _____	11 공식, 방식 _____
02 informal _____	12 사과, 사죄 _____
03 compensate _____	13 순응하다, 따르다 _____
04 nutrition _____	14 연금 _____
05 distinct _____	15 개혁하다, 개혁 _____
06 nurture _____	16 간호사, 유모, 돌보다 _____
07 enterprise _____	17 논리, 논리학 _____
08 ideology _____	18 본능, 직감 _____
09 nourish _____	19 투옥하다, 감금하다 _____
10 expend _____	20 구별하다, 식별하다 _____

B 다음 영영풀이에 해당하는 단어를 보기에서 골라 쓰시오.

| 보기 | cascade   comprehend   nutrient   prey   stimulate |

01 _____ to understand something that is complicated or difficult

02 _____ to encourage or help an activity to begin or develop further

03 _____ a substance that provides what is needed for plants or animals to live and grow

04 _____ a small steep waterfall that is one of several together

C

• 다음 밑줄 친 부분과 뜻이 가장 가까운 단어를 고르시오.

01 The heart has to work harder during space travel and on Mars to compensate for the weak or zero gravity. 교과서

① offset　　　　　② suspend　　　　　③ comprise

02 A closer look reveals the flaw in this analogy. 모평

① ecology　　　　　② logic　　　　　③ metaphor

• 다음 밑줄 친 부분의 반대말로 가장 알맞은 단어를 고르시오.

03 The secret agent was authorized to arrest, imprison, and assassinate.

① conform　　　　　② release　　　　　③ nourish

04 When a predatory species becomes extinct, this removes a check and balance on the population of its prey. 교과서

① nutrient　　　　　② alternative　　　　　③ predator

D

다음 문장의 의미에 맞게 해당하는 단어를 고르시오.

01 At this rate, orangutans could become _____ in less than 25 years. 교과서
이 속도라면 오랑우탄은 25년 이내에 멸종될 수도 있다.

① competent　　　　　② extinct　　　　　③ distinct

02 Tom is a graduate student studying _____.
Tom은 생태학을 공부하고 있는 대학원생이다.

① ideology　　　　　② formula　　　　　③ ecology

03 Production has been _____ while safety checks are carried out.
안전 점검이 실시되는 동안 생산이 중단되었다.

① suspended　　　　　② expended　　　　　③ stimulated

04 These road sensors could _____ your car of driving hazards, such as icy roads, and warn your car to slow down. 교과서
이러한 도로 센서는 빙판길과 같은 주행 위험을 여러분의 차량에 알려 주고 차량이 감속하도록 경고할 수 있다.

① reform　　　　　② perform　　　　　③ inform

어원 **Review**

01 pend	_____	04 ess	_____	07 volv	_____
02 port	_____	05 cide	_____	08 neg	_____
03 fund	_____	06 flu	_____	09 prob	_____

A 영어 단어를 보고 알맞은 뜻을, 뜻을 보고 알맞은 영어 단어를 쓰시오.

01 necessary	_____	11 현재의, 출석한	_____
02 influenza	_____	12 포함하다, 몰두시키다	_____
03 essence	_____	13 액체, 유동체	_____
04 suicide	_____	14 중립(국)의, 공정한	_____
05 precise	_____	15 기본의, 근본적인	_____
06 influence	_____	16 양, 크기, 음량, 책	_____
07 ponder	_____	17 수입, 수입품	_____
08 profound	_____	18 진화하다, 진화시키다	_____
09 fund	_____	19 관심, 흥미, 이자	_____
10 revolution	_____	20 부정하다, 부인하다	_____

B 다음 영영풀이에 해당하는 단어를 보기에서 골라 쓰시오.

보기	negative	deny	important	absent	portable

01 _____ having serious meaning or worth

02 _____ not present at a usual place

03 _____ easy to carry or move around

04 _____ thinking about the bad qualities of someone or something

C

• 다음 밑줄 친 부분과 뜻이 가장 가까운 단어를 고르시오.

01 To encourage more participation, we <u>decided</u> to extend the registration until tomorrow. 교과서 변형

① denied   ② involved   ③ determined

• 다음 밑줄 친 부분의 반대말로 가장 알맞은 단어를 고르시오.

02 Since people cannot measure the temperature of stars in a <u>precise</u> way, astronomers rely on their colors. 학평 변형

① inaccurate   ② neutral   ③ fundamental

03 The government has banned the <u>export</u> of lumber.

① revolution   ② influence   ③ import

04 The Renaissance movement had given birth to an era of <u>profound</u> religious change. 학평

① portable   ② shallow   ③ negative

D

다음 문장의 의미에 맞게 해당하는 단어를 고르시오.

01 She's _____ in French and German.

그녀는 프랑스어와 독일어가 유창하다.

① important   ② fluent   ③ necessary

02 The use of _____ is a major factor that leads to the decline of bees.

농약의 사용은 벌의 감소를 초래하는 중요한 요인이다. 교과서 변형

① fluid   ② suicide   ③ pesticide

03 Our organization was _____ on the belief that all animals should be respected. 학평 변형

우리 단체는 모든 동물이 존중받아야 한다는 신념을 바탕으로 설립되었다.

① founded   ② pondered   ③ evolved

04 It will be the first _____ to another planet launched by the Korean Space Agency.

그것은 한국 우주국에서 발사한 다른 행성으로 가는 첫 번째 무인 우주 탐사선이 될 것이다.

① probe   ② fund   ③ fluid

어원 Review

01 prob _____	04 temper _____	07 viv _____
02 solv _____	05 tail _____	08 spond _____
03 popul _____	06 sect _____	

A 영어 단어를 보고 알맞은 뜻을, 뜻을 보고 알맞은 영어 단어를 쓰시오.

01 correspond _____	11 기질, 성질 _____
02 insect _____	12 녹이다, 용해하다 _____
03 segment _____	13 재단사, 맞추다 _____
04 vital _____	14 공화국 _____
05 publish _____	15 증명하다, 시험하다 _____
06 probable _____	16 책임이 있는 _____
07 revive _____	17 절대적인, 완전한 _____
08 intersection _____	18 생존하다, 살아남다 _____
09 temperate _____	19 찬성하다, 승인하다 _____
10 sector _____	20 화, 기질, 완화하다 _____

B 다음 영영풀이에 해당하는 단어를 보기에서 골라 쓰시오.

| 보기 | respond   tailor   popular   vivid   solve |

01 _____ seeming like real life because it is very clear

02 _____ liked or enjoyed by many people

03 _____ to say or write something as an answer to a question

04 _____ to find a way to deal with and end a problem

C

• 다음 밑줄 친 부분과 뜻이 가장 가까운 단어를 고르시오.

01 Humans need water, food, and oxygen to <u>survive</u>. 교과서

① solve   ② outlast   ③ revive

02 Liberty <u>entails</u> responsibility.

① publishes   ② approves   ③ involves

• 다음 밑줄 친 부분의 반대말로 가장 알맞은 단어를 고르시오.

03 Parents are <u>responsible</u> for providing their children with the basic necessities of life. 학평

① irresponsible   ② absolute   ③ vital

04 <u>Retail</u> sales fell by 10% in November.

① Segment   ② Wholesale   ③ Temper

D

다음 문장의 의미에 맞게 해당하는 단어를 고르시오.

01 The French began to _____ the island in the 15th century.

15세기에 프랑스인들이 그 섬에 살기 시작했다.

① populate   ② dissolve   ③ respond

02 The _____ is expected to reach 35°C today. 교과서

오늘 온도가 섭씨 35도에 이를 것으로 예상된다.

① republic   ② temperature   ③ tailor

03 Violence can never be justified as a way to _____ disputes. 교과서

폭력은 분쟁을 해결하는 방법으로 결코 정당화될 수 없다.

① resolve   ② correspond   ③ respond

04 Most business executives like to start with the big picture and then work out the _____ . 학평

대부분의 기업 관리자들은 큰 그림에서 시작하고 그다음에 세부 사항을 해결하는 것을 좋아한다.

① sectors   ② details   ③ intersections

어원 Review

01 spond _____	04 polit _____	07 host _____
02 lev _____	05 spir _____	08 fid _____
03 prim _____	06 don _____	09 band _____

A 영어 단어를 보고 알맞은 뜻을, 뜻을 보고 알맞은 영어 단어를 쓰시오.

01 politics	_____	11 환대, 접대	_____
02 dose	_____	12 만료되다	_____
03 inspire	_____	13 정치의, 정치적인	_____
04 federal	_____	14 대도시, 주요 도시	_____
05 policy	_____	15 관련 있는, 적절한	_____
06 relieve	_____	16 원시의, 원시적인	_____
07 elevate	_____	17 믿음, 신뢰	_____
08 endow	_____	18 붕대, 붕대를 감다	_____
09 spirit	_____	19 원리, 원칙, 신조	_____
10 anecdote	_____	20 입원시키다	_____

B 다음 영영풀이에 해당하는 단어를 보기에서 골라 쓰시오.

보기	defy　　donate　　prior　　elevate　　confident

01 _____ having a feeling or belief that you can do something well

02 _____ to refuse to obey

03 _____ existing earlier in time

04 _____ to give something in order to help a person or organization

C

• 다음 밑줄 친 부분과 뜻이 가장 가까운 단어를 고르시오.

01 Few people who aspire to fame ever achieve it.

① inspire   ② yearn   ③ relieve

02 The building was a prime target for terrorist attacks.

① chief   ② federal   ③ confident

• 다음 밑줄 친 부분의 반대말로 가장 알맞은 단어를 고르시오.

03 Evil types such as Iago in the play *Othello* are able to conceal their hostile intentions behind a friendly smile. 학평

① prior   ② amicable   ③ political

04 Quick judgements are not only relevant in employment matters; they are equally applicable in love and relationship matters too.

① primitive   ② principal   ③ irrelevant

D

다음 문장의 의미에 맞게 해당하는 단어를 고르시오.

01 Unfortunately the staff on duty at the time did not reflect our customer service _____. 학평

안타깝게도 당시 근무 중이던 직원이 우리의 고객 서비스 정책을 반영하지 않았다.

① hospitality   ② anecdote   ③ policy

02 It was a product placement _____ by a cosmetic company. 교과서

그것은 어느 화장품 회사에서 후원한 간접 광고였다.

① sponsored   ② expired   ③ donated

03 *Mountain Today* is _____ a photo contest for local high school students. 모평

'Mountain Today'는 지역 고등학생 대상의 사진 콘테스트를 주최합니다.

① defying   ② hosting   ③ endowing

04 The organization works to _____ world hunger and disease.

그 단체는 세계 기아와 질병을 줄이기 위해 일한다.

① elevate   ② hospitalize   ③ alleviate

어원 Review

01 band	_____	04 ped	_____	07 cause	_____
02 ton	_____	05 soci	_____	08 cult	_____
03 dom	_____	06 sult	_____	09 rot	_____

A 영어 단어를 보고 알맞은 뜻을, 뜻을 보고 알맞은 영어 단어를 쓰시오.

01 cultivate	_____	11 연상하다, 관련짓다 _____
02 expedition	_____	12 페달, 발판 _____
03 cause	_____	13 변명하다, 면제하다 _____
04 social	_____	14 유대, 결속, 채권 _____
05 predominant	_____	15 지배, 통제, 제어 _____
06 tone	_____	16 방해하다, 지연시키다 _____
07 culture	_____	17 묶음, 꾸러미 _____
08 enroll	_____	18 식민지, 집단 거주지 _____
09 domestic	_____	19 단조로운, 지루한 _____
10 insult	_____	20 묶다, 결속시키다 _____

B 다음 영영풀이에 해당하는 단어를 보기에서 골라 쓰시오.

보기	assault rotate pedestrian intonation bind

01 _____ . to move or turn in a circle

02 _____ a violent physical attack

03 _____ a person who is walking in a city, along a road, etc.

04 _____ the rise and fall in the sound of your voice when you speak

C 다음 밑줄 친 부분과 뜻이 가장 가까운 단어를 고르시오.

01 They <u>accused</u> the two men of committing the robbery at a bank last weekend.

① caused   ② charged   ③ impeded

02 Today, women are displaying their talents and abilities in almost every <u>domain</u> of human effort. 교과서

① result   ② colony   ③ territory

03 We should stay away from the helicopter when its blades start to <u>rotate</u>.

① revolve   ② insult   ③ assault

D 다음 문장의 의미에 맞게 해당하는 단어를 고르시오.

01 Garbology is like archeology, but instead of examining the remains of ancient civilizations, it examines garbage in modern _____. 교과서
쓰레기 사회학은 고고학과 비슷하지만 고대 문명의 유적을 조사하는 대신 현대 사회의 쓰레기를 조사한다.

① bond   ② society   ③ culture

02 The declining bird population would _____ in an imbalance in the ecosystem. 교과서 변형
조류 개체 수 감소가 생태계의 불균형이라는 결과를 가져올 것이다.

① bind   ② result   ③ associate

03 In general, most students are often closely _____ in to their teacher's body language. 학평
일반적으로 대부분의 학생은 자신의 선생님의 몸짓 언어에 종종 관심이 면밀하게 맞춰져 있다.

① controlled   ② enrolled   ③ tuned

04 We allow our conscious mind to _____ our subconscious mind, trying to force our body through movements it doesn't want to make. 학평 변형
우리는 자신의 의식적인 마음이 잠재의식적인 마음을 지배하도록 허용하여, 자신의 몸으로 하여금 원하지 않는 동작을 하도록 강요하려 한다.

① excuse   ② dominate   ③ cultivate

어원 Review

01 mun	_____	05 loc	_____	09 per	_____
02 break	_____	06 cit	_____	10 cord	_____
03 limit	_____	07 poss	_____		
04 not	_____	08 van	_____		

A 영어 단어를 보고 알맞은 뜻을, 뜻을 보고 알맞은 영어 단어를 쓰시오.

01	vain	_____	11	잠재적인, 가능한	_____
02	local	_____	12	벽돌, 든든한 친구	_____
03	experiment	_____	13	경험, 체험	_____
04	vanish	_____	14	공동체, 지역 사회	_____
05	breakthrough	_____	15	격려하다, 고무하다	_____
06	cite	_____	16	한계, 경계, 극한	_____
07	notify	_____	17	일치하다, 조화하다	_____
08	expert	_____	18	깨뜨리다, 어기다	_____
09	communicate	_____	19	흥분시키다, 자극하다	_____
10	notion	_____	20	할당하다, 배분하다	_____

B 다음 영영풀이에 해당하는 단어를 보기에서 골라 쓰시오.

보기	core	notify	preliminary	avoid	possess

01 _____ to stay away from someone or something

02 _____ to have or own something

03 _____ the central part of something

04 _____ coming before the main part of something

C · 다음 밑줄 친 부분과 뜻이 가장 가까운 단어를 고르시오.

01 The audience clapped for joy when he made the rabbit <u>vanish</u> into thin air.

① notify ② avoid ③ disappear 교과서

02 People loved chilies so much that they put them into every dish <u>possible</u>. 교과서

① local ② core ③ feasible

· 다음 밑줄 친 부분의 반대말로 가장 알맞은 단어를 고르시오.

03 Schools invest money in standing desks — all to <u>encourage</u> good posture.

① discourage ② break ③ accord 교과서 변형

04 Even very <u>common</u> words are sometimes used in ways that don't fit their usual meanings. 교과서

① vain ② uncommon ③ preliminary

D 다음 문장의 의미에 맞게 해당하는 단어를 고르시오.

01 He will _____ a poem in front of the class.

그는 급우들 앞에서 시를 낭송할 것이다.

① excite ② recite ③ communicate

02 Sometimes when we are driving, we don't _____ how beautiful our surroundings are. 교과서

운전할 때 가끔 우리는 주변 환경이 얼마나 아름다운지 알아차리지 못할 때가 있다.

① allocate ② possess ③ notice

03 Sensors built into the roads can tell us how many parking spaces are free and where they are _____. 교과서

도로에 내장된 센서는 빈 주차 공간의 수와 주차 공간이 위치한 곳을 알려 준다.

① broken ② located ③ cited

04 Considering this need for library surroundings, it is important to design spaces where unwanted noise can be _____ or kept to a minimum. 학평

도서관 환경에 대한 이러한 필요성을 고려할 때, 원치 않는 소음을 제거하거나 최소한으로 유지할 수 있는 공간을 설계하는 것이 중요하다.

① accorded ② encouraged ③ eliminated

어원 Review

01 meas _____	05 gard _____	09 opt _____
02 fals _____	06 manu _____	10 apt _____
03 deb _____	07 text _____	
04 patr _____	08 norm _____	

A 영어 단어를 보고 알맞은 뜻을, 뜻을 보고 알맞은 영어 단어를 쓰시오.

01 adopt	_____	11 원고, 필사본	_____
02 fail	_____	12 ~하기로 되어 있는	_____
03 duty	_____	13 ~하는 경향이 있는	_____
04 texture	_____	14 표준, 기준, 규범	_____
05 adapt	_____	15 치수, 크기, 차원	_____
06 debt	_____	16 의견, 견해, 생각	_____
07 measure	_____	17 선택권, 선택 사항	_____
08 garment	_____	18 잘못, 과실, 결점	_____
09 patron	_____	19 조종하다, 조작하다	_____
10 context	_____	20 보장하다, 약속하다	_____

B 다음 영영풀이에 해당하는 단어를 보기에서 골라 쓰시오.

보기	attitude	patriot	false	maintain	fail

01 _____ a person who loves his or her country

02 _____ the way you think and feel about someone or something

03 _____ not real or genuine

04 _____ to cause something to exist or continue without changing

C

· 다음 밑줄 친 부분과 뜻이 가장 가까운 단어를 고르시오.

01 Do we really have to go to Mars, spending such <u>enormous</u> resources and risking people's lives? 교과서

① false　　　　　② due　　　　　③ tremendous

02 There is still an <u>immense</u> amount of work to be done.

① huge　　　　　② apt　　　　　③ manuscript

· 다음 밑줄 친 부분의 반대말로 가장 알맞은 단어를 고르시오.

03 Stress is a <u>normal</u> reaction that almost everyone experiences. 교과서

① vast　　　　　② optional　　　　　③ abnormal

D

다음 문장의 의미에 맞게 해당하는 단어를 고르시오.

01 Yo-yo dieting has a cyclical _____ of weight loss and gain. 교과서
요요 다이어트는 체중 감소와 증가가 주기적으로 반복되는 패턴을 보인다.

① pattern　　　　　② garment　　　　　③ norm

02 He has done most of the buying in our _____ department for the past two years. 학평
그는 지난 2년 동안 우리의 직물 부서에서 대부분의 구매를 담당했다.

① dimension　　　　　② context　　　　　③ textile

03 The advantage of non-verbal communication is that it offers you the opportunity to express _____ properly. 학평 변형
비언어적 의사소통의 장점은 여러분에게 태도를 적절하게 표현할 기회를 제공한다는 것이다.

① attitudes　　　　　② patrons　　　　　③ opinions

04 Charles Dickens is _____ as one of the greatest novelists. 교과서 변형
찰스 디킨스는 세계에서 가장 위대한 소설가 중 한 명으로 간주된다.

① regarded　　　　　② manipulated　　　　　③ adapted

어원 Review

01 preci _____	05 mand _____	09 ward _____
02 equ _____	06 rang _____	10 liber _____
03 clin _____	07 nov _____	
04 lax _____	08 claim _____	

A 영어 단어를 보고 알맞은 뜻을, 뜻을 보고 알맞은 영어 단어를 쓰시오.

01 clinic _____
02 reward _____
03 renew _____
04 proclaim _____
05 deliver _____
06 exclaim _____
07 claim _____
08 recommend _____
09 liberate _____
10 arrange _____

11 상, 상금, 수여하다 _____
12 같은, 동등한 _____
13 명령, 지휘, 명령하다 _____
14 풀어 주다, 방출하다 _____
15 계급, 등급, 순위 _____
16 권한, 명령, 권한을 주다 _____
17 귀중한, 소중한 _____
18 지체, 연기, 미루다 _____
19 다양성, 범위 _____
20 감소하다, 쇠퇴하다 _____

B 다음 영영풀이에 해당하는 단어를 보기에서 골라 쓰시오.

| 보기 | award relax climate innovate novel

01 _____ to do something in a new way
02 _____ new and different from what has been known before
03 _____ the usual weather conditions in a particular place or region
04 _____ to become less tense

C

· 다음 밑줄 친 부분과 뜻이 가장 가까운 단어를 고르시오.

01 He was delighted to get his watch back and <u>rewarded</u> the little boy as promised. 학평

① renewed　　　　② delivered　　　　③ compensated

· 다음 밑줄 친 부분의 반대말로 가장 알맞은 단어를 고르시오.

02 The old machine is still <u>adequate</u> for most tasks.

① enormous　　　　② inadequate　　　　③ vain

03 He is famous as a <u>liberal</u> commentator.

① conservative　　　　② equivalent　　　　③ precious

04 A square is a figure with four <u>equal</u> sides and four right angles. 교과서

① local　　　　② novel　　　　③ unequal

D

다음 문장의 의미에 맞게 해당하는 단어를 고르시오.

01 Certainly _____ is critical to a child's sense of self-esteem. 학평
분명히 칭찬은 아이의 자존감에 매우 중요하다.

① mandate　　　　② praise　　　　③ award

02 There are many who _____ artworks, but have no interest in owning them for good. 교과서
미술 작품을 감상하면서도 그것들을 영원히 소유하는 데는 관심이 없는 사람들이 많이 있다.

① appreciate　　　　② liberate　　　　③ command

03 We become especially resistant to anyone who tries to _____ us. 학평
우리는 특히 우리에게 경고하려는 어느 누구에게도 저항하게 된다.

① relax　　　　② warn　　　　③ proclaim

04 Hong Kong added announcements in its subway system _____ that passengers look around. 학평
홍콩은 승객들에게 주위를 둘러볼 것을 권고하는 안내문을 지하철 시스템에 추가했다.

① releasing　　　　② innovating　　　　③ recommending

어원 Review

[01] medic	_____	[05] ordin	_____	[09] fus	_____
[02] tribute	_____	[06] organ	_____	[10] trud	_____
[03] cred	_____	[07] proper	_____		
[04] cur	_____	[08] tach	_____		

A 영어 단어를 보고 알맞은 뜻을, 뜻을 보고 알맞은 영어 단어를 쓰시오.

01 property _____ 11 적절한, 올바른 _____

02 organism _____ 12 부하, 하급자 _____

03 intrude _____ 13 혼동하다, 혼란시키다 _____

04 attribute _____ 14 의학의, 의료의 _____

05 curious _____ 15 정확한 _____

06 medicine _____ 16 기관, 장기 _____

07 stake _____ 17 환불, 환불하다 _____

08 appropriate _____ 18 자격 증명서, 신임하는 _____

09 contribute _____ 19 붙이다, 첨부하다 _____

10 organize _____ 20 조정하다, 통합하다 _____

B 다음 영영풀이에 해당하는 단어를 보기에서 골라 쓰시오.

| 보기 | cure   accurate   refuse   incredible   distribute |

01 _____ to say that you will not accept

02 _____ to make someone healthy again after an illness

03 _____ difficult or impossible to believe

04 _____ to give or deliver something to someone

C

· 다음 밑줄 친 부분과 뜻이 가장 가까운 단어를 고르시오.

01 One great threat to our body in space and on Mars is cosmic radiation. 교과서

① menace   ② organ   ③ medicine

· 다음 밑줄 친 부분의 반대말로 가장 알맞은 단어를 고르시오.

02 We attach too much likelihood to spectacular, flashy, or loud outcomes. 학평

① attribute   ② refuse   ③ detach

03 The mask dance depicted the difficult lives of ordinary people during the Joseon Dynasty. 교과서

① accurate   ② exceptional   ③ appropriate

D

다음 문장의 의미에 맞게 해당하는 단어를 고르시오.

01 The man _____ his hands into his pockets and walked night streets.

그 남자는 두 손을 주머니에 찔러 넣고 밤거리를 걸었다.

① cured   ② thrust   ③ confused

02 Hermes told Perseus that to _____ Medusa he must first be properly equipped. 교과서

헤르메스는 페르세우스에게 메두사를 공격하기 위해서는 먼저 제대로 된 장비를 갖추어야 한다고 말했다.

① attack   ② contribute   ③ coordinate

03 It can be dangerous to rely on a popular _____.

민간 치료에 의존하는 것은 위험할 수 있다.

① organism   ② refund   ③ remedy

04 We need to give more _____ to the community in daily life. 학평

우리는 일상에서 공동체에 더 많은 공로를 인정해 줄 필요가 있다.

① stake   ② credit   ③ property

어원 Review

01 labor	_____	05 sphere	_____	09 sert	_____
02 thes	_____	06 estim	_____	10 gra	_____
03 circul	_____	07 phas	_____		
04 liter	_____	08 merg	_____		

A 영어 단어를 보고 알맞은 뜻을, 뜻을 보고 알맞은 영어 단어를 쓰시오.

01 merge _____   11 상황, 환경 _____

02 desert _____   12 반구 _____

03 exert _____   13 가설, 가정 _____

04 sphere _____   14 잠수하다, 가라앉다 _____

05 grip _____   15 추산하다, 추정하다 _____

06 insert _____   16 실험실, 연구소 _____

07 thesis _____   17 움켜쥐다, 붙잡다 _____

08 esteem _____   18 현상 _____

09 emerge _____   19 정교한, 공들인 _____

10 theme _____   20 대기, 공기, 분위기 _____

B 다음 영영풀이에 해당하는 단어를 보기에서 골라 쓰시오.

| 보기 | insert   emphasize   collaborate   literal   circuit

01 _____ to give special attention to something

02 _____ involving the ordinary or usual meaning of a word

03 _____ a path or trip around something

04 _____ to work with another person or group

C · 다음 밑줄 친 부분과 뜻이 가장 가까운 단어를 고르시오.

01 In 1937, the earliest industrial robot was completed, opening the first <u>phase</u> of robotics — the age of industrial robots. 교과서

① stage ② sphere ③ circumstance

· 다음 밑줄 친 부분의 반대말로 가장 알맞은 단어를 고르시오.

02 We <u>overestimate</u> the risk of being the victims of a plane crash, a car accident, or a murder. 학평

① merge ② underestimate ③ emphasize

03 Every individual needs to take responsibility for combating this threat by becoming more information <u>literate</u>. 학평

① elaborate ② literal ③ illiterate

D 다음 문장의 의미에 맞게 해당하는 단어를 고르시오.

01 People failed to _____ the importance of his words.
사람들은 그가 하는 말의 중요성을 이해하지 못했다.

① grasp ② emerge ③ collaborate

02 The condition prevents the blood from _____ freely.
그 질환은 혈액이 자유롭게 순환하는 것을 방해한다.

① exerting ② submerging ③ circulating

03 The interpretation of more complex _____ usually requires active attention and thought. 모평 변형
더 복잡한 현상에 대한 해석은 대개 적극적인 주의와 사고를 필요로 한다.

① laboratories ② phenomena ③ theses

04 He began work as a public official there, but his interests turned more and more toward _____. 학평
그는 그곳에서 공무원으로 일을 시작했지만, 그의 관심은 점점 더 문학으로 향했다.

① circuit ② hemisphere ③ literature

어원 Review

01 herit _____	05 put _____	09 sper _____
02 mechan _____	06 flo _____	10 cast _____
03 vot _____	07 bar _____	
04 long _____	08 tempor _____	

A 영어 단어를 보고 알맞은 뜻을, 뜻을 보고 알맞은 영어 단어를 쓰시오.

01 compute _____
02 despair _____
03 cast _____
04 barrier _____
05 inherit _____
06 float _____
07 desperate _____
08 temporary _____
09 mechanism _____
10 belong _____

11 투표하다, 선출하다 _____
12 외양간, 헛간 _____
13 시간의, 일시적인 _____
14 상속 재산, 유산 _____
15 홍수, 범람, 쇄도 _____
16 맹세, 서약 _____
17 상속인, 후계자 _____
18 번성하다, 번영하다 _____
19 기계공, 정비사 _____
20 평판, 명성 _____

B 다음 영영풀이에 해당하는 단어를 보기에서 골라 쓰시오.

| 보기 | contemporary   forecast   float   dispute   flee |

01 _____ to run away from danger
02 _____ a statement about what will happen in the future
03 _____ happening now or in recent times
04 _____ a disagreement or argument

C

• 다음 밑줄 친 부분과 뜻이 가장 가까운 단어를 고르시오.

01 He studied law and worked as a lawyer until 1889, when he decided to devote himself to writing. 학평

① belong   ② dedicate   ③ float

02 The new mayor made a vow to reduce crime in the city to the citizens.

① oath   ② barn   ③ dispute

• 다음 밑줄 친 부분의 반대말로 가장 알맞은 단어를 고르시오.

03 Some officials are likely to find an easy and temporal solution that only sounds convincing.

① eternal   ② temporary   ③ contemporary

04 The operation could prolong his life by several years.

① inherit   ② shorten   ③ flee

D

다음 문장의 의미에 맞게 해당하는 단어를 고르시오.

01 The wine is aged for a year in oak _____.
그 와인은 오크통에서 1년 동안 숙성된다.

① casts   ② heirs   ③ barrels

02 Jokes can be time bombs _____ unnoticed in a person's subconscious. 학평 변형
농담은 사람의 잠재의식 속에 눈에 띄지 않은 채 남아 있는 시한폭탄일 수 있다.

① voting   ② lingering   ③ forecasting

03 An organization imported new _____ with the capacity to produce quality products at a lesser price. 학평
한 단체가 더 저렴한 가격으로 고품질 제품을 생산할 수 있는 능력을 갖춘 새 기계를 수입했다.

① machinery   ② mechanic   ③ barrier

04 The TV _____ an air attack and a screeching siren started to scream.
TV에서 공습을 알리는 방송이 나오고 앵하는 사이렌 소리가 울리기 시작했다. 학평

① prospered   ② broadcast   ③ computed

어원 Review

01 cri _____	05 gest _____	09 rupt _____
02 mir _____	06 fend _____	10 mut _____
03 merc _____	07 sacr _____	
04 corp _____	08 front _____	

A   영어 단어를 보고 알맞은 뜻을, 뜻을 보고 알맞은 영어 단어를 쓰시오.

01 interrupt _____   11 몸짓, 손짓, 태도 _____

02 miracle _____   12 성자, 성인 _____

03 incorporate _____   13 상업, 무역, 상거래 _____

04 sacred _____   14 폭발하다, 분출하다 _____

05 confront _____   15 기업의, 법인의 _____

06 discriminate _____   16 통근하다, 전환하다 _____

07 admire _____   17 비평하다, 비판하다 _____

08 disrupt _____   18 국경 (지방), 변경 _____

09 offend _____   19 울타리, 담 _____

10 mercy _____   20 분별하다, 식별하다 _____

B   다음 영영풀이에 해당하는 단어를 보기에서 골라 쓰시오.

| 보기 | sacrifice   mutual   miracle   merchant   marvelous

01 _____ shared between two or more people

02 _____ extremely good or enjoyable

03 _____ a person who buys and sells goods

04 _____ the act of giving up something that you want to keep

C • 다음 밑줄 친 부분과 뜻이 가장 가까운 단어를 고르시오.

01 Animals tend to prefer exaggerated, supernormal stimuli. 학평

① discerned　　　　② overstated　　　　③ confronted

• 다음 밑줄 친 부분의 반대말로 가장 알맞은 단어를 고르시오.

02 Airbags protect the driver in the event of a severe frontal impact.

① back　　　　② mutual　　　　③ marvelous

03 Troops have been sent to defend the borders.

① erupt　　　　② criticize　　　　③ attack

D 다음 문장의 의미에 맞게 해당하는 단어를 고르시오.

01 They buried the _____ in the churchyard.

그들은 교회 경내에 그 시신을 매장했다.

① corpse　　　　② fence　　　　③ commerce

02 When we eat chewier, less processed foods, it takes us more energy to _____ them. 학평

우리가 더 질기고 덜 가공된 음식을 먹을 때는 소화하는 데 더 많은 열량을 쓴다.

① admire　　　　② sacrifice　　　　③ digest

03 Imagine some _____ appears which makes animals spontaneously die at the age of 50. 학평

동물을 50살에 자연사하게 만드는 어떤 돌연변이가 나타난다고 상상해 보라.

① saint　　　　② mutation　　　　③ mercy

04 The trainer doesn't teach the dog how to smell; the dog already knows how to _____ one scent from another. 모평

훈련사는 개에게 냄새를 맡는 방법을 가르치지 않는데, 개는 이미 냄새를 다른 것과 구별하는 법을 알고 있기 때문이다.

① commute　　　　② incorporate　　　　③ discriminate

어원 Review

01 fare	_____	05 sol	_____	09 frag	_____
02 terr	_____	06 mort	_____	10 humili	_____
03 line	_____	07 alt	_____		
04 grav	_____	08 vad	_____		

A 영어 단어를 보고 알맞은 뜻을, 뜻을 보고 알맞은 영어 단어를 쓰시오.

01 solitary	_____	11 침입하다, 침략하다	_____
02 murder	_____	12 개요, 윤곽, 요점	_____
03 fraction	_____	13 파편, 조각, 단편	_____
04 guideline	_____	14 겸손, 겸양	_____
05 humiliate	_____	15 행복, 안녕, 복지	_____
06 territory	_____	16 유일한, 혼자의, 단독의	_____
07 aggravate	_____	17 회피하다, 피하다	_____
08 pervade	_____	18 작별 (인사)	_____
09 terrace	_____	19 저당, (담보) 대출	_____
10 mortal	_____	20 고도, 높이, 고지	_____

B 다음 영영풀이에 해당하는 단어를 보기에서 골라 쓰시오.

| 보기 | grief   linear   terrestrial   sole   adolescent |

01 _____ a young person who is developing into an adult

02 _____ deep sadness

03 _____ formed by lines

04 _____ relating to or occurring on the earth

C

• 다음 밑줄 친 부분과 뜻이 가장 가까운 단어를 고르시오.

01 In some states in America women were kept out of jury pools because they were thought to be too <u>fragile</u> to hear the horrible details of crimes. 교과서
① frail ② sole ③ mortal

02 People who display intellectual <u>humility</u> are more likely to be receptive to learning from others. 학평
① grief ② modesty ③ fraction

03 Air pollution can <u>aggravate</u> asthma.
① murder ② evade ③ worsen

• 다음 밑줄 친 부분의 반대말로 가장 알맞은 단어를 고르시오.

04 Intellectually <u>humble</u> people are open to finding information from a variety of sources. 학평
① linear ② solitary ③ arrogant

D

다음 문장의 의미에 맞게 해당하는 단어를 고르시오.

01 There is growing recognition that we should _____ segregation.
인종 차별을 폐지해야 한다는 인식이 점점 커지고 있다.
① invade ② abolish ③ pervade

02 The police have expressed _____ concern about the missing child's safety.
경찰은 실종된 아이의 안전에 대해 심각한 우려를 표명했다.
① adolescent ② delicate ③ grave

03 She enjoyed the _____ of the woods.
그녀는 그 숲의 한적함을 맘껏 누렸다.
① territory ② solitude ③ fragment

04 Kevin gave him not only enough for bus _____, but enough to get a warm meal. 학평
Kevin은 그에게 버스 요금뿐만 아니라 따뜻한 식사를 할 수 있을 만큼 충분한 양을 주었다.
① fare ② welfare ③ altitude

WORD MASTER

SERIES

FINAL CHECK-UP

다음 영어 단어에 해당하는 우리말 뜻을 쓰시오.

01 incorrect _____

02 dislike _____

03 resort _____

04 devour _____

05 immoral _____

06 disorder _____

07 retrospect _____

08 decode _____

09 distance _____

10 disability _____

11 compact _____

12 encounter _____

13 inevitable _____

14 dispose _____

15 combustion _____

16 enrich _____

17 inflame _____

18 remain _____

19 contour _____

20 entitle _____

21 independent _____

22 represent _____

23 collision _____

24 ensue _____

25 intake _____

26 recall _____

27 corrupt _____

28 embrace _____

29 insight _____

30 reproduce _____

31 derive _____

32 unfair _____

33 infection _____

34 reunion _____

35 detect _____

36 unlikely _____

37 impose _____

38 refuge _____

39 depict _____

40 unlock _____

다음 영어 단어에 해당하는 우리말 뜻을 쓰시오.

01	exchange		21	abroad
02	adjust		22	utmost
03	overlook		23	suggest
04	misplace		24	multitude
05	exhaust		25	anatomy
06	accumulate		26	absurd
07	overflow		27	unite
08	predetermine		28	underlie
09	exotic		29	progress
10	accelerate		30	amend
11	perspective		31	unify
12	premature		32	undergo
13	erosion		33	proverb
14	outweigh		34	interpret
15	persuade		35	mislead
16	symphony		36	paradox
17	ashamed		37	proactive
18	outbreak		38	interfere
19	subtle		39	misunderstand
20	synthesize		40	parasitic

다음 영어 단어에 해당하는 우리말 뜻을 쓰시오.

01 dual	_____	21 superior	_____
02 upright	_____	22 autograph	_____
03 state	_____	23 arrest	_____
04 figure	_____	24 revise	_____
05 dioxide	_____	25 superb	_____
06 dialect	_____	26 introvert	_____
07 obstacle	_____	27 constitute	_____
08 defeat	_____	28 supervise	_____
09 obscure	_____	29 separate	_____
10 foresee	_____	30 forbid	_____
11 statue	_____	31 factor	_____
12 qualify	_____	32 evidence	_____
13 occasion	_____	33 secure	_____
14 foretell	_____	34 antibody	_____
15 resist	_____	35 manufacture	_____
16 difficulty	_____	36 witness	_____
17 opponent	_____	37 segregation	_____
18 contrary	_____	38 bypass	_____
19 steady	_____	39 defect	_____
20 affair	_____	40 abstract	_____

다음 영어 단어에 해당하는 우리말 뜻을 쓰시오.

01 trade _____

02 transmit _____

03 position _____

04 generous _____

05 retreat _____

06 emit _____

07 suppose _____

08 resent _____

09 venture _____

10 compromise _____

11 disposable _____

12 sentiment _____

13 convention _____

14 mission _____

15 postpone _____

16 actual _____

17 revenue _____

18 species _____

19 apparent _____

20 enact _____

21 capable _____

22 aspect _____

23 repair _____

24 ambiguous _____

25 perceive _____

26 suspect _____

27 modern _____

28 intend _____

29 deceive _____

30 inspect _____

31 modify _____

32 significant _____

33 chief _____

34 converse _____

35 commodity _____

36 signal _____

37 occupy _____

38 reverse _____

39 mold _____

40 assign _____

다음 영어 단어에 해당하는 우리말 뜻을 쓰시오.

01 legal _____

02 dedicate _____

03 obsess _____

04 reside _____

05 monument _____

06 access _____

07 intellectual _____

08 rigid _____

09 habitat _____

10 meanwhile _____

11 designate _____

12 immediate _____

13 neglect _____

14 elegant _____

15 summon _____

16 liable _____

17 settle _____

18 passage _____

19 addiction _____

20 propel _____

21 polish _____

22 colleague _____

23 distress _____

24 injure _____

25 concrete _____

26 mobile _____

27 inhibit _____

28 behave _____

29 regular _____

30 royal _____

31 predecessor _____

32 cease _____

33 religion _____

34 session _____

35 passenger _____

36 contradict _____

37 expel _____

38 privilege _____

39 legacy _____

40 recruit _____

다음 영어 단어에 해당하는 우리말 뜻을 쓰시오.

01	conserve	_____	21	innate	_____
02	observe	_____	22	partial	_____
03	surrender	_____	23	confine	_____
04	grateful	_____	24	finance	_____
05	disclose	_____	25	diagnose	_____
06	define	_____	26	recognize	_____
07	particle	_____	27	resume	_____
08	reserve	_____	28	obtain	_____
09	instruct	_____	29	tenant	_____
10	acknowledge	_____	30	implement	_____
11	sustain	_____	31	patient	_____
12	compliment	_____	32	compassion	_____
13	empathy	_____	33	vocation	_____
14	gradual	_____	34	unconscious	_____
15	infant	_____	35	rational	_____
16	eminent	_____	36	available	_____
17	advocate	_____	37	nature	_____
18	evoke	_____	38	prevail	_____
19	subconscious	_____	39	rate	_____
20	valid	_____	40	minimum	_____

다음 영어 단어에 해당하는 우리말 뜻을 쓰시오.

01	conquer		21	nourish
02	assimilation		22	decay
03	reinforce		23	coincidence
04	inject		24	pursue
05	integrate		25	subsequent
06	compress		26	biography
07	magnify		27	subscribe
08	majestic		28	competent
09	infer		29	petition
10	via		30	induce
11	compete		31	educate
12	prescribe		32	charge
13	consequence		33	previous
14	alternate		34	carriage
15	accidental		35	career
16	stimulate		36	magnitude
17	instinct		37	impress
18	imprison		38	contact
19	expend		39	entire
20	informal		40	reject

다음 영어 단어에 해당하는 우리말 뜻을 쓰시오.

01	hostile		21	accuse
02	populate		22	endow
03	expedition		23	principle
04	alleviate		24	impede
05	rotate		25	import
06	inspire		26	expire
07	cultivate		27	approve
08	fundamental		28	temperament
09	enroll		29	hospitality
10	temperate		30	essence
11	survive		31	segment
12	domestic		32	monotonous
13	pesticide		33	evolve
14	assault		34	insult
15	entail		35	neutral
16	negative		36	relevant
17	correspond		37	fluent
18	involve		38	dissolve
19	defy		39	dominate
20	deny		40	confident

다음 영어 단어에 해당하는 우리말 뜻을 쓰시오.

01 attitude

02 accord

03 proclaim

04 attribute

05 enormous

06 appropriate

07 adopt

08 decline

09 eliminate

10 thrust

11 allocate

12 contribute

13 vanish

14 mandate

15 guarantee

16 credential

17 notion

18 adequate

19 debt

20 recommend

21 appreciate

22 intrude

23 breakthrough

24 property

25 immense

26 coordinate

27 patron

28 remedy

29 preliminary

30 distribute

31 avoid

32 release

33 innovate

34 notify

35 equivalent

36 garment

37 potential

38 adapt

39 manipulate

40 arrange

다음 영어 단어에 해당하는 우리말 뜻을 쓰시오.

01 flee

02 mercy

03 discriminate

04 mortal

05 emerge

06 pervade

07 temporary

08 disrupt

09 thesis

10 aggravate

11 inherit

12 linger

13 estimate

14 territory

15 vow

16 confront

17 literate

18 discern

19 mutation

20 dispute

21 erupt

22 fragile

23 contemporary

24 altitude

25 elaborate

26 linear

27 devote

28 mutual

29 hypothesis

30 solitary

31 exert

32 marvelous

33 atmosphere

34 humble

35 phenomenon

36 reputation

37 welfare

38 circulate

39 exaggerate

40 prolong

ANSWERS

DAILY CHECK-UP

DAY 01

어원 Review | 01 안에, 아닌   02 떨어져, 반대의

A   01 투자   02 감염, 전염(병)   03 불멸(성), 영원함   04 통찰(력), 이해, 간파   05 거리, 간격, 거리를 두다   06 자극하는, 격려하는, 장려책, 동기   07 부과하다, 도입하다, 강요하다   08 소득, 수입   09 부도덕한, 비도덕적인   10 할인, 할인하다, 경시하다   11 disease   12 illegal   13 display   14 inability   15 incorrect   16 inevitable   17 inborn   18 irrelevant   19 invariable   20 inflame

B   01 independent   02 disappear   03 intake   04 immune

C   01 ①   02 ②   03 ③   04 ①

D   01 ①   02 ②   03 ②   04 ③

DAY 02

어원 Review | 01 떨어져, 반대의   02 다시, 뒤로

A   01 싫어하다, 싫어함, 혐오   02 불편(함), 불편하게 하다   03 남아 있다, 여전히 ~이다   04 재현하다, 복제하다, 번식하다   05 재결합, 재회, 동창회   06 대체하다, 대신하다, 교체하다   07 동의하지 않다, 의견이 일치하지 않다   08 회복하다, 회복시키다, 되찾다   09 기억해 내다, 상기시키다, 회수하다, 상기, 회수   10 분산, 해산   11 disguise   12 disability   13 research   14 represent   15 remark   16 disorder   17 dispose   18 refuge   19 differ   20 restore

B   01 remove   02 disobedient   03 retire   04 discussion

C   01 ②   02 ①   03 ②

D   01 ①   02 ②   03 ①   04 ①

DAY 03

어원 Review | 01 다시, 뒤로   02 함께, 모두   03 반대의, 떨어져, 정말, 아래로, 아닌

A   01 의지하다, 자주 가다, 휴양지, 의지, 호소   02 확인하다, 입증하다   03 수정, 교정   04 묘사하다, 그리다   05 (사물의) 윤곽, 등고선, 윤곽을 그리다   06 작은, 밀집한, 촘촘한, 꽉 채우다   07 무너지다, 붕괴하다, 쓰러지다, 붕괴   08 공존하다   09 조화시키다, 화해시키다   10 우울하게 만들다, (사기 등을) 떨어뜨리다   11 combustion   12 complain   13 rejoin   14 company   15 develop   16 demonstrate   17 debate   18 connect   19 condense   20 collision

B   01 desire   02 retrospect   03 concern   04 corrupt

C   01 ③   02 ①   03 ②

D   01 ①   02 ②   03 ①   04 ②

어원 Review | 01 반대의, 떨어져, 정말, 아래로, 아닌   02 안에, 하게 만들다   03 아닌

A 01 삼림 벌채[파괴]   02 반드시 ~하게 하다, 보장하다   03 위험에 빠뜨리다, 위태롭게 하다   04 향상
하다, 높이다   05 확대[확장]하다, 크게 하다   06 미지의, 알려지지 않은   07 관계를 맺다, 약속하다,
~와 약혼하다   08 있을 것 같지 않은, ~할 것 같지 않은   09 ~할 수 없는, 약한   10 원치 않는, 반갑
지 않은   11 delicate   12 enable   13 enrich   14 unusual   15 unfortunate   16 unlock
17 empower   18 depart   19 entitle   20 embrace

B 01 encounter   02 unfamiliar   03 ensue   04 unfair

C 01 ①   02 ②   03 ③   04 ②

D 01 ①   02 ②   03 ③   04 ②

어원 Review | 01 아닌   02 밖으로   03 매우, 정말, 아닌, ~에   04 앞으로, 앞에

A 01 전망, 예상, 가능성   02 지치게 하다, 연소시키다, 다 써버리다   03 (몹시) 놀라게 하다   04 닮은, 비슷한,
매우 비슷하게, 둘 다   05 분석하다   06 발생하다, 유발되다   07 설명하다, 해명하다   08 윤곽, 옆모습, 개
요, 개요를 작성하다   09 (배·비행기 등에) 탑승하여, (배·비행기 등에) 탑승해 있는   10 이국적인, 이색적인
11 ashamed   12 atom   13 arouse   14 propose   15 exchange   16 explicit   17 progress
18 proactive   19 erosion   20 examine

B 01 proverb   02 escort   03 protect   04 unbearable

C 01 ②   02 ①   03 ②   04 ③

D 01 ①   02 ③   03 ①   04 ②

어원 Review | 01 앞으로, 앞에   02 ~에, ~ 쪽으로   03 밖으로, 더 ~한   04 ~로부터, 떨어져
05 사이에, 서로

A 01 계좌, 계정, 설명, 간주하다, 원인이 되다, 설명하다   02 출력, 산출, 생산(량)   03 뛰어난, 눈에 띄는, 우
수한   04 조절하다, 조정하다, 적응하다   05 전진하다, 발전하다, 전진, 발전   06 방해하다, 참견하다, 간
섭하다   07 (법 등을) 수정[개정]하다, 고치다   08 결과, 성과   09 비정상적인   10 전망, 세계관, 관점
11 accelerate   12 accumulate   13 outlet   14 absurd   15 interpersonal   16 assure
17 accompany   18 absorb   19 advantage   20 international

B 01 approach   02 abandon   03 interpret   04 abundant

C 01 ①   02 ②   03 ①   04 ③

D 01 ②   02 ①   03 ①   04 ③

DAILY CHECK-UP

어원 Review | 01 사이에, 서로   02 넘어서, 위에   03 완전히, 두루   04 아래에, 아래로   05 하나   06 잘못된

A 01 지지하다, 지원하다, 지원, 후원   02 시사하다, 주장하다, 제안하다   03 (서로) 겹치다, 공통 부분, 겹침, 중복   04 완벽한, 완전한, 완벽하게 하다   05 실수, 실수하다, 잘못 생각하다   06 설득하다, 납득시키다   07 균일한, 동일한, 제복   08 오도하다, 잘못 이끌다   09 통일하다, 통합하다   10 억압하다, 억누르다   11 interchange   12 overall   13 overflow   14 perform   15 perspective   16 suffer   17 unit   18 unique   19 persist   20 overwhelm

B 01 overcome   02 overlook   03 interval   04 unite

C 01 ②   02 ①   03 ③   04 ③

D 01 ②   02 ①   03 ②   04 ①

어원 Review | 01 잘못된   02 미리, 먼저   03 같은, 함께   04 여럿, 많은   05 아래에   06 반하는, 옆에

A 01 시사회, 미리 보기, 시연   02 선취하다, 사로잡히게 하다   03 증후군   04 다중 매체의, 멀티미디어의   05 학부생의, 대학의, 학부생   06 상징, 기호   07 제자리에 두지 않다, 잘못 두다   08 예언하다, 예측하다, 예상하다   09 증상, 조짐   10 (안 좋은 일 등을) 겪다, 경험하다   11 misery   12 synergy   13 synthesize   14 multiple   15 multitude   16 multicultural   17 underlie   18 paradox   19 parade   20 parasitic

B 01 misguide   02 premature   03 paralyze   04 symphony

C 01 ②   02 ③   03 ②

D 01 ①   02 ①   03 ③   04 ②

어원 Review | 01 반하는, 옆에   02 둘   03 맞서, 향하여   04 밖에, 넘어서   05 위에, 넘어서   06 떨어져   07 가로질러   08 앞에, 전에

A 01 평행의, 유사한, 상응하는 것   02 극도의, 극단적인, 극단   03 표면, 외관, 나타나다, 드러나다   04 (특정한) 경우, 기회, 행사   05 초자연적인   06 둘의, 이중의, 두 부분으로 된   07 선택하다, 고르다   08 복사하다, 복제하다, 사본의, 사본   09 옮기다, 전달하다, 갈아타다, 이동, 환승   10 조상   11 dioxide   12 dilemma   13 offer   14 extrovert   15 secure   16 translate   17 anchor   18 obscure   19 transform   20 antique

B 01 opponent   02 transaction   03 superior   04 separate

C 01 ③   02 ①   03 ②

D 01 ②   02 ③   03 ①   04 ③

어원 Review | 01 위로   02 가로질러   03 앞에, 미리   04 반대의, 대항하여   05 스스로   06 안으로   07 떨어져   08 반대의, 대항하여   09 옆에, 부수적인

A   01 진품[진짜]임, 진정성   02 입문서, 도입, 소개   03 자기 성찰적인, 내성[내향]적인   04 남극 (지방), 남극의   05 우회하다, 회피하다, 우회 도로   06 업데이트하다, 최신의 것으로 하다, 업데이트, 갱신   07 대조하다, 대조, 대비   08 반대의, 정반대되는, 반대의 것, 정반대   09 지지하다, 지탱하다   10 구경꾼, 방관자   11 upright   12 diabetes   13 diameter   14 foresee   15 forefather   16 introvert   17 forgive   18 antibiotic   19 forbid   20 antibody

B   01 dialogue   02 autograph   03 dialect   04 automatic

C   01 ①   02 ③   03 ②

D   01 ①   02 ②   03 ①   04 ①

어원 Review | 01 서다, 세우다   02 행하다, 만들다

A   01 통계, 통계학   02 즉시의, 즉각의, 순간, 찰나   03 목적지, 행선지   04 연구소, 협회, 학회, 도입하다, 설립하다   05 운명, 운   06 꾸준한, 안정된, 한결같은   07 체포하다, 저지하다, 체포, 저지   08 제조하다, 생산하다, 제조, 생산   09 효과, 영향, 결과, 초래하다   10 영향을 미치다   11 consist   12 state   13 constant   14 establish   15 factor   16 facility   17 standard   18 estate   19 resist   20 defect

B   01 stable   02 obstacle   03 install   04 substitute

C   01 ①   02 ③   03 ②   04 ②

D   01 ②   02 ①   03 ③   04 ③

어원 Review | 01 행하다, 만들다   02 보다   03 끌다

A   01 형상, 모습, 수치, 계산하다, 그림으로 나타내다   02 어려움, 곤란   03 시력, 시야, 시각, 비전   04 증거, 증언, 명백함   05 추상적인, 관념적인, 추출하다, 요약하다   06 일, 사건   07 이익을 얻다, 이롭다, 이익, 이득   08 뽑다, 추출하다, 발췌하다, 추출물, 발췌   09 감독하다, 관리하다, 지휘하다   10 부러움, 질투, 부러워하다, 질투하다   11 interview   12 distract   13 device   14 efficient   15 sufficient   16 defeat   17 satisfy   18 view   19 witness   20 feat

B   01 fiction   02 revise   03 profit   04 qualify

C   01 ②   02 ②   03 ③

D   01 ①   02 ②   03 ①   04 ③

어원 Review | 01 끌다 02 오다, 나오다, 가다 03 잡다, 취하다, 머리

A   01 거래, 상업, 무역, 거래하다 02 추적하다, 흔적, 자국, 길 03 흔적, 자취, 오솔길, 끌다, 끌리다, 추적하다 04 길, 거리, 도로 05 유능한, ~할 수 있는 06 인식하다, 지각하다, 이해하다 07 점유[점령]하다, 차지하다, 사용하다 08 개입, 중재, 간섭 09 (정부·기관의) 수익, 수입 10 속이다, 기만하다 11 chef 12 conceive 13 receive 14 capture 15 convenient 16 advent 17 prevent 18 event 19 portray 20 chief

B   01 souvenir 02 participate 03 retreat 04 invent

C   01 ② 02 ② 03 ③

D   01 ① 02 ③ 03 ① 04 ②

어원 Review | 01 보내다 02 보다 03 돌리다, 변하다

A   01 인정하다, 입장[입학]을 허락하다 02 약속, 장래성, 약속하다 03 사명, 임무, 전도 04 전달자, 전령, 배달원 05 종(種), 종류, 인류 06 기대하다, 예상하다, 기다리다 07 구체적인, 특정한 08 전문적으로 하다, 전공하다 09 의심하다, 혐의를 두다, 용의자 10 구경꾼, 관객, 방관자 11 spectacular 12 despite 13 convert 14 version 15 adversity 16 universe 17 converse 18 submit 19 commit 20 vertical

B   01 omission 02 reverse 03 transmit 04 advertise

C   01 ③ 02 ② 03 ① 04 ③

D   01 ② 02 ① 03 ③ 04 ①

어원 Review | 01 돌리다, 변하다 02 두다, 놓다, 넣다 03 준비하다, 동등한, 보이다
04 기준, 척도, 방식 05 출생, 태생, 종류

A   01 유전자, 유전 인자 02 산소 03 상품, 일용품 04 수용하다, 숙박시키다, 적응시키다 05 자세를 취하다, 제기하다, 자세, 마음가짐 06 위치, 장소, 지위, 배치하다 07 퇴적물, 착수금, 보증금, 예금하다, 침전시키다 08 처분할 수 있는, 일회용의, 일회용품 09 비교하다, 비유하다 10 명백한, 또렷이 보이는 11 apparatus 12 appear 13 repair 14 emperor 15 mode 16 oppose 17 moderate 18 modern 19 genuine 20 postpone

B   01 divorce 02 modify 03 modest 04 compound

C   01 ③ 02 ② 03 ② 04 ①

D   01 ① 02 ① 03 ③ 04 ③

어휘 Review | 01 출생, 태생, 종류   02 느끼다   03 행하다   04 늘리다, 뻗다   05 표시

A   01 향기, 냄새, 냄새 맡다   02 실제의, 현행의   03 정확한, 정밀한   04 반작용하다, 반응하다   05 (법을) 제정하다, 수행하다, 상연하다   06 대리인, 중개인, 행위자   07 (~하는) 경향이 있다, 돌보다, 시중들다   08 늘리다, 연장[확장]하다, 뻗다   09 부드러운, 상냥한, 돌보는 사람   10 의미 있는, 중요한, 상당한   11 genre   12 generate   13 sensible   14 nonsense   15 sentiment   16 sign   17 intend   18 assign   19 generous   20 active

B   01 pregnant   02 resent   03 pretend   04 sentence

C   01 ①   02 ③   03 ②   04 ①

D   01 ②   02 ①   03 ②   04 ③

어휘 Review | 01 표시   02 중간, 가운데   03 접다, 꼬다   04 가지다, 살다, 잡다
  05 바르게 이끌다, 통치하다

A   01 중간의, 중급의, 중급자, 중개자   02 지역, 지방, (신체) 부위, 영역   03 복잡하게 하다, 까다롭게 하다   04 명시하다, 지정하다, 지명하다   05 조정하다, 중재하다, 중개의, 조정의   06 적용하다, 응용하다, (약 따위를) 바르다   07 이용하다, 개발하다, 착취하다, 위업, 공적   08 규칙적인, 일반적인, 보통의   09 행동하다, 처신하다, 작용하다   10 금지하다, 방해하다   11 simplicity   12 direct   13 exhibit   14 inhabit   15 perplex   16 habit   17 meanwhile   18 imply   19 medium   20 mean

B   01 royal   02 habitat   03 resign   04 regulate

C   01 ①   02 ②   03 ③

D   01 ③   02 ①   03 ②   04 ①

어휘 Review | 01 바르게 이끌다, 통치하다   02 읽다, 선택하다, 모으다   03 가다
  04 마음, 생각하다, 경고하다   05 묶다   06 앉다

A   01 선행하다, 앞서다, ~보다 중요하다   02 (왕의) 통치 기간, 통치, 통치하다, 군림하다   03 의지하다, 신뢰하다   04 모니터, 감시 장치, 감시 요원, 감시하다, 추적 관찰하다   05 의무를 지우다, 강요하다, 은혜[호의]를 베풀다   06 책임을 져야 할, ~할 것 같은   07 살다, 거주하다, 존재하다   08 마음의, 정신적인, 지적인   09 소홀히 하다, 무시하다, 게을리하다   10 순서, 절차, 과정   11 collect   12 remind   13 mention   14 ally   15 cease   16 comment   17 predecessor   18 lecture   19 legend   20 exceed

B   01 summon   02 elect   03 monument   04 religion

C   01 ③   02 ②   03 ①

D   01 ②   02 ③   03 ①   04 ②

어원 Review | 01 앉다 02 통과하다 03 말하다 04 몰다, 밀다 05 법, 위임하다

A 01 타당한, 합법적인 02 바치다, 전념하다, 헌신하다 03 맥박, 진동, 맥박치다, 진동하다 04 가라앉다, 진정되다, 침전되다 05 부정하다, 반박하다, 모순되다 06 통행인, 지나가는 사람 07 능가하다, 뛰어넘다 08 여권, 통행증 09 강요하다, 강제하다, ~하게 만들다 10 특권, 특전, 특혜, 특권을 주다 11 impulse 12 appeal 13 president 14 settle 15 dictionary 16 pace 17 dictate 18 pastime 19 indicate 20 expel

B 01 passenger 02 polish 03 index 04 assess

C 01 ② 02 ③ 03 ①

D 01 ③ 02 ① 03 ① 04 ③

어원 Review | 01 법, 위임하다 02 팽팽히 당기다, 묶다 03 올바른 04 만들다, 자라다 05 움직이다 06 닫다

A 01 이동하는, 움직이기 쉬운, 이동식의 02 긴장, 부담, 압박, 긴장시키다, 혹사하다 03 판단하다, 판결하다, 평가하다, 판사, 심사원 04 재창조하다, 재현하다, 생기를 복돋우다 05 모터, 발동기, 자동차, 모터가 달린, 자동차의 06 감소, 하락, 줄이다, 감소시키다 07 정당화하다, 타당함을 보여 주다 08 선입견, 편견, 편견을 갖게 하다 09 명망, 명성, 위신, 명망 있는, 위신 있는 10 입법, 법률 제정 11 strait 12 strict 13 colleague 14 move 15 moment 16 emotion 17 close 18 increase 19 create 20 just

B 01 recruit 02 legacy 03 injure 04 district

C 01 ② 02 ② 03 ① 04 ③

D 01 ① 02 ② 03 ③ 04 ①

어원 Review | 01 닫다 02 끝, 경계, 한계 03 부분, 나누다 04 주다 05 감사, 기쁨 06 지키다, 섬기다

A 01 축하하다, 경축하다 02 정의하다, 규정하다, 한정하다 03 편집하다, 교정하다 04 기쁘게 하다, 만족[충족]시키다 05 집세, 지대, 사용료, 빌리다, 빌려주다, 임대[임차]하다 06 일부, 부분, 1인분, 나누다, 분배하다 07 재정, 재원, 자금, 자금을 대다 08 둘러싸다, 에워싸다, 동봉하다 09 동의하다, 의견이 일치하다, 조화하다 10 (~한 상태로) 만들다, 주다, 제공하다 11 closet 12 final 13 proportion 14 observe 15 tradition 16 gratitude 17 particle 18 confine 19 conclude 20 apart

B 01 refine 02 partial 03 surrender 04 infinite

C 01 ② 02 ③ 03 ① 04 ②

D 01 ③ 02 ③ 03 ① 04 ②

어원 Review | 01 지키다, 섬기다　02 세우다, 쌓다　03 알다　04 취하다, 가장 높은　05 잡다
06 채우다

A　01 보충(물), 추가(물), 보충하다, 추가하다　02 추정하다, 상상하다, 간주하다　03 포함하다, 함유하다, 억누르다　04 예증하다, ~의 좋은 예가 되다　05 파괴하다, 없애다, 말살하다　06 무시하다, 모르는 체하다　07 보존하다, 보호하다　08 후식, 디저트　09 지시하다, 가르치다, 정보를 주다　10 ~을 받을 만하다, ~할 가치가 있다　11 reserve　12 content　13 instrument　14 consume　15 resume　16 recognize　17 industry　18 assume　19 summary　20 acknowledge

B　01 diagnose　02 noble　03 construct　04 tenant

C　01 ①　02 ②　03 ③

D　01 ③　02 ②　03 ③　04 ①

어원 Review | 01 채우다　02 느끼다, 참고 견디다　03 단계, 가다　04 말하다　05 가다
06 작은, 돌출하다

A　01 처음의, 초기의, 머리글자, 첫 글자　02 졸업하다, 학위를 받다, (대학) 졸업자　03 수동적인, 소극적인, 활기가 없는　04 정도, (각도·온도계 등의) 도, 학위, 등급　05 유아, 갓난아기, 유아의, 초기의　06 승급시키다, 개선하다, 품질을 높이다, 향상, 증가　07 연민, (깊은) 동정심, 불쌍히 여김　08 공급(량), 보급품, 공급하다, 제공하다　09 환자, 참을성 있는, 잘 견디는　10 찬사, 칭찬, 경의, 칭찬하다, 찬사를 말하다　11 transit　12 professional　13 hesitate　14 fate　15 passion　16 grade　17 implement　18 ambition　19 diminish　20 complement

B　01 sympathy　02 aggressive　03 perish　04 fable

C　01 ②　02 ①　03 ①　04 ②

D　01 ③　02 ②　03 ②　04 ③

어원 Review | 01 작은, 돌출하다　02 부르다, 소리치다　03 알다　04 세다, 추론하다　05 가치
06 태어나다

A　01 (반응을) 유발하다, 도발하다, 화나게 하다　02 관리하다, (법을) 집행하다, (약을) 투여하다　03 어휘, 용어, 어휘 목록　04 의식을 잃은, 무의식적인, 깨닫지 못하는　05 저명한, 탁월한, 신분이 높은　06 비율, 비(比)　07 우세하다, 유행하다, 이기다　08 토착의, 출생의, ~ 태생의 사람, 토착민　09 이용할 수 있는, 쓸모 있는, 만날 수 있는　10 이성적인, 합리적인, 분별이 있는　11 subconscious　12 vocation　13 minimum　14 science　15 conscious　16 value　17 rate　18 reason　19 valid　20 nature

B　01 advocate　02 evoke　03 minister　04 prominent

C　01 ①　02 ②　03 ③

D　01 ③　02 ③　03 ②　04 ①

DAILY CHECK-UP

DAY 25

어원 Review | 01 태어나다 02 묻다, 구하다 03 비슷한 04 사용하다 05 강한, 힘 06 던지다 07 접촉하다

A 01 문의하다, 묻다, 조사하다 02 활용하다, 이용하다 03 강화하다, 보강하다, 증강하다, 보강물 04 거절하다, 거부하다 05 주제, 국민, 과목, 피실험자, ~에 영향받기 쉬운, 복종시키다 06 힘, 세력, 군사력, 강요하다, 강제하다 07 도구, 기구 08 ~인 체하다, 가장하다, 모의 실험하다 09 요청, 요구, 요망, 간청하다, 바라다 10 물건, 물체, 대상, 반대하다, 거절하다 11 similar 12 require 13 usage 14 project 15 enforce 16 contact 17 simultaneously 18 acquire 19 conquer 20 assimilation

B 01 inject 02 intact 03 fort 04 naive

C 01 ② 02 ③ 03 ③ 04 ②

D 01 ① 02 ③ 03 ② 04 ③

DAY 26

어원 Review | 01 접촉하다 02 누르다 03 큰 04 나르다 05 마차 06 길 07 이끌다

A 01 직업, 경력, 생애, 직업적인 02 ~을 경유하여, ~을 통해 03 설득하다, 유도하다, 초래하다 04 (짐을) 내리다, 방출하다, 해고하다, 방출, 해임 05 (생각·감정을) 전달하다, (물건·승객을) 실어 나르다 06 분명한, 명백한 07 압축하다, 요약하다 08 시장(市長) 09 교육하다, 가르치다 10 억압하다, 탄압하다 11 prefer 12 voyage 13 deduce 14 introduce 15 previous 16 conference 17 maximum 18 express 19 charge 20 pressure

B 01 majestic 02 carpenter 03 infer 04 magnitude

C 01 ③ 02 ① 03 ②

D 01 ③ 02 ① 03 ③ 04 ②

DAY 27

어원 Review | 01 이끌다 02 달려가다 03 쓰다 04 글, 그림 05 따라가다 06 다른 07 떨어지다

A 01 묘사하다, 설명하다, 그리다 02 (업무 등을) 수행하다, 지휘하다, 안내하다, 행동, 수행, 지휘 03 청원(서), 탄원(서), 청원하다, 탄원하다 04 식욕, 욕구 05 후속의, 이어지는, 바로 다음의 06 (일련의) 연속, 잇따라 일어남, 순서 07 실행하다, 처형하다 08 바꾸다, 바뀌다, 변하다 09 번갈아 일어나다[하다], 번갈아 생기는[하는] 10 그렇지 않으면, 달리, 다른 11 repeat 12 script 13 photograph 14 consequence 15 pursue 16 accidental 17 alternative 18 paragraph 19 biography 20 coincidence

B 01 prescribe 02 inscription 03 decay 04 competent

C 01 ② 02 ③ 03 ①

D 01 ② 02 ① 03 ② 04 ②

DAY 28

어원 Review | 01 떨어지다   02 영양분을 주다, 돌보다   03 찌르다   04 붙잡다   05 형태, 모양   06 이성, 말   07 매달다, 무게를 달다

A   01 구성하다, 포함하다   02 비공식의, 격식 없는, 평상복의, 구어체의   03 보상하다, 보완하다   04 영양, 영양분 섭취   05 뚜렷한, 별개의, 다른   06 양육[교육]하다, 키우다, 양육, 교육   07 기업, 모험적 사업, 기획, 계획   08 이데올로기, 이념, 관념(학)   09 영양을 주다, 먹여 기르다, 육성하다   10 쓰다, 소비하다, 지출하다   11 formula   12 apology   13 conform   14 pension   15 reform   16 nurse   17 logic   18 instinct   19 imprison   20 distinguish

B   01 comprehend   02 stimulate   03 nutrient   04 cascade

C   01 ①   02 ③   03 ②   04 ③

D   01 ②   02 ③   03 ①   04 ③

DAY 29

어원 Review | 01 매달다, 무게를 달다   02 운반하다   03 기반   04 존재하다   05 죽이다, 자르다   06 흐르다   07 말다, 돌다   08 아닌   09 시험하다, 증명하다

A   01 필요한, 필수적인, 필연적인, 필수품   02 독감, 유행성 감기   03 본질, 핵심   04 자살   05 정확한, 정밀한   06 영향을 미치다, 영향(력), 설득력   07 깊이 생각하다, 숙고하다   08 깊은, 심오한   09 기금, 자금, 기금[자금]을 대다   10 혁명, 회전, 순환   11 present   12 involve   13 fluid   14 neutral   15 fundamental   16 volume   17 import   18 evolve   19 interest   20 deny

B   01 important   02 absent   03 portable   04 negative

C   01 ③   02 ①   03 ③   04 ②

D   01 ②   02 ③   03 ①   04 ①

DAY 30

어원 Review | 01 시험하다, 증명하다   02 느슨하게 하다   03 사람들   04 섞다, 완화하다   05 자르다   06 자르다   07 생명, 살다   08 약속하다

A   01 일치하다, ~에 해당하다, 서신 왕래를 하다   02 곤충, 벌레   03 부분, 조각, 구획, 분할하다   04 필수적인, 매우 중요한, 생명 유지에 필요한   05 출판하다, 발행하다, 발표하다   06 있음직한, 개연성 있는   07 되살리다, 소생하다, 기운 나게 하다   08 교차(로), 횡단   09 온화한, 절제하는, 온건한   10 부문, 분야, 구역   11 temperament   12 dissolve   13 tailor   14 republic   15 prove   16 responsible   17 absolute   18 survive   19 approve   20 temper

B   01 vivid   02 popular   03 respond   04 solve

C   01 ②   02 ③   03 ①   04 ②

D   01 ①   02 ②   03 ①   04 ②

DAY
31

어원 Review | 01 약속하다　02 올리다　03 첫 번째의　04 도시, 시민　05 숨쉬다　06 주다
07 손님, 낯선 사람　08 믿다　09 묶다

A　01 정치, 정치학, 정치적 견해　02 (약의) 1회 복용량, 약간, 소량　03 영감을 주다, 고무하다, 불어넣다
04 연방의, 연방 정부의　05 정책, 방침, 보험 증권[증서]　06 안도하게 하다, 완화[경감]하다, 구조하다
07 높이다, 향상시키다, (들어)올리다　08 주다, 기부하다, (재능 등을) 부여하다　09 정신, 영혼, 마음, 활
기, 유령　10 일화, 기담, 개인적인 진술　11 hospitality　12 expire　13 political　14 metropolis
15 relevant　16 primitive　17 faith　18 bandage　19 principle　20 hospitalize

B　01 confident　02 defy　03 prior　04 donate

C　01 ②　02 ①　03 ②　04 ③

D　01 ③　02 ①　03 ②　04 ③

DAY
32

어원 Review | 01 묶다　02 소리　03 집, 다스리다　04 발　05 친구, 동료　06 뛰어오르다
07 이유　08 경작하다　09 돌다, 두루마리

A　01 경작하다, 재배하다, 기르다　02 탐험(대), 원정(대), 여행　03 원인, 이유, 대의, 유발하다　04 사
회의, 사회적인, 사교적인　05 두드러진, 우월한, 뛰어난　06 음색, 어조, 색조, 분위기　07 문화, 교
양, 재배　08 등록하다, 입학[입회]하다　09 집안의, 국내의, 길들여진　10 모욕, 모욕적인 언행, 모욕하
다　11 associate　12 pedal　13 excuse　14 bond　15 control　16 impede　17 bundle
18 colony　19 monotonous　20 bind

B　01 rotate　02 assault　03 pedestrian　04 intonation

C　01 ②　02 ③　03 ①

D　01 ②　02 ②　03 ③　04 ②

DAY
33

어원 Review | 01 의무　02 깨다　03 경계　04 표시하다, 알다　05 장소　06 부르다
07 할 수 있다　08 빈　09 시도하다　10 마음, 심장

A　01 헛된, 소용없는, 허영심이 강한　02 지방[지역]의, 현지의, 장소의, 지역 주민　03 실험, 시도, 실험하다,
시도하다　04 사라지다, 없어지다　05 돌파구, 획기적인 발견[발전]　06 언급하다, 인용하다, (법정에) 소
환하다　07 알리다, 통지하다, 발표하다　08 전문가, 숙련가, 전문가의, 숙련된　09 전달하다, 의사소통
을 하다　10 관념, 개념, 생각, 의견　11 potential　12 brick　13 experience　14 community
15 encourage　16 limit　17 accord　18 break　19 excite　20 allocate

B　01 avoid　02 possess　03 core　04 preliminary

C　01 ③　02 ③　03 ①　04 ②

D　01 ②　02 ③　03 ②　04 ③

어휘 Review | 01 재다 02 잘못된 03 신세 지다 04 아버지 05 보다, 보호하다 06 손 07 짜다 08 규범, 기준 09 선택하다 10 적합한

A 01 채택하다, 채용하다, 입양하다 02 실패하다, 낙제하다, 고장 나다 03 의무, 직무, 관세, 세금 04 감촉, 질감, 결, 짜임새, 직물 05 적응하다, 적응시키다, 조정하다, 개작하다 06 빚, 채무, 빚진 것, 신세 07 측정하다, 판단[평가]하다, 조치, 대책, 기준, 척도 08 옷, 의복, 의류 09 후원자, 보호자, 단골손님 10 문맥, 전후 관계, 맥락, 정황 11 manuscript 12 due 13 apt 14 norm 15 dimension 16 opinion 17 option 18 fault 19 manipulate 20 guarantee

B 01 patriot 02 attitude 03 false 04 maintain

C 01 ③ 02 ① 03 ③

D 01 ① 02 ③ 03 ① 04 ①

어휘 Review | 01 값, 가치 02 같은 03 기울다 04 느슨하게 하다 05 명령하다 06 줄 07 새로운 08 외치다 09 지켜보다, 주의하다 10 자유로운

A 01 진료소, 병원, 임상, 임상 강의 02 보상, 보답, 보상하다, 보답하다 03 새롭게 하다, 갱신하다, 재개하다 04 선언하다, 선포하다 05 배달하다, (연설·강연 등을) 하다, 출산하다 06 외치다, 소리치다 07 주장하다, 요구하다, 주장, 권리 08 추천하다, 권하다, 권고하다 09 해방하다, 자유롭게 하다 10 준비하다, 배열하다, 정돈하다 11 award 12 equivalent 13 command 14 release 15 rank 16 mandate 17 precious 18 delay 19 range 20 decline

B 01 innovate 02 novel 03 climate 04 relax

C 01 ③ 02 ② 03 ① 04 ③

D 01 ② 02 ① 03 ② 04 ③

어휘 Review | 01 병을 고치다 02 할당하다, 나누어주다 03 믿다 04 돌보다, 관심 05 순서 06 기관 07 자기 자신의 08 들러붙게 하다, 고정시키다 09 섞다, 붓다 10 밀다

A 01 재산, 부동산, 속성, 특성 02 유기체, 생물 03 침입하다, 침해하다, 방해하다, 끼어들다 04 ~의 탓으로 돌리다, ~의 덕분이라 여기다, 속성, 자질 05 궁금한, 호기심이 많은, 기이한 06 약, 의학, 의술 07 말뚝, (내기 등에) 건 것 08 적당한, 적절한, 충당하다, 사사로이 쓰다 09 기부하다, 기여하다, 기고하다, 원인이 되다 10 준비[조직]하다, 설립하다, 체계화하다 11 proper 12 subordinate 13 confuse 14 medical 15 accurate 16 organ 17 refund 18 credential 19 attach 20 coordinate

B 01 refuse 02 cure 03 incredible 04 distribute

C 01 ① 02 ③ 03 ②

D 01 ② 02 ① 03 ③ 04 ②

DAILY CHECK-UP

DAY 37

어원 Review | 01 일 02 두다 03 원, 둘레 04 글자 05 구 06 평가하다 07 보여 주다
08 가라앉다 09 결합하다 10 붙잡다

A 01 합병하다, 융합하다, 합치다 02 사막, 버리다, (버리고) 떠나다 03 (힘 등을) 발휘하다, 행사하다, 노력하다 04 구, 구체, 범위, 영역, 지구본 05 붙잡다, 꽉 잡다, 사로잡다, 꽉 잡음, 장악, 통제, 손잡이 06 삽입하다, 끼워 넣다 07 논제, 논문 08 존경, 존중, 존경[존중]하다, 간주하다 09 나오다, 나타나다, 알려지다 10 주제, 논제, 테마 11 circumstance 12 hemisphere 13 hypothesis 14 submerge 15 estimate 16 laboratory 17 grab 18 phenomenon 19 elaborate 20 atmosphere

B 01 emphasize 02 literal 03 circuit 04 collaborate

C 01 ① 02 ② 03 ③

D 01 ① 02 ③ 03 ② 04 ③

DAY 38

어원 Review | 01 상속인 02 기계 03 서약하다 04 긴, 갈망하다 05 생각하다
06 흐르다, 흘러가다 07 막대 08 시간 09 희망 10 던지다

A 01 계산하다, 산출하다, 평가하다 02 절망, 자포자기, 절망하다, 단념하다 03 던지다, 주조하다, 배역을 정하다, 던지기, 주조, 깁스, 출연진 04 장벽, 울타리, 장애물 05 물려받다, 상속하다 06 (물에) 뜨다, 떠다니다, 퍼지다, 뜨는 것 07 절망적인, 자포자기의, 필사적인 08 임시의, 일시적인, 잠깐 동안의 09 메커니즘, 방법, 기계 장치, 구조 10 소속하다, ~에 속하다 11 vote 12 barn 13 temporal 14 heritage 15 flood 16 vow 17 heir 18 prosper 19 mechanic 20 reputation

B 01 flee 02 forecast 03 contemporary 04 dispute

C 01 ② 02 ① 03 ① 04 ②

D 01 ③ 02 ② 03 ① 04 ②

DAY 39

어원 Review | 01 분리하다 02 놀라다, 감탄하다 03 보상하다, 장사하다 04 몸 05 나르다
06 치다, 때리다 07 신성한 08 앞 09 깨다 10 바꾸다

A 01 가로막다, 방해하다, 중단시키다 02 기적, 경이 03 포함하다, 통합하다, 법인으로 만들다 04 성스러운, 종교적인, 신성한 05 직면하다, 마주하다, 맞서다 06 구별하다, 식별하다, 차별하다 07 존경하다, 감탄하다, 경탄하다 08 방해하다, 지장을 주다, 분열시키다 09 기분 상하게 하다, 위반하다 10 자비, 연민, 고마운 일 11 gesture 12 saint 13 commerce 14 erupt 15 corporate 16 commute 17 criticize 18 frontier 19 fence 20 discern

B 01 mutual 02 marvelous 03 merchant 04 sacrifice

C 01 ② 02 ① 03 ③

D 01 ① 02 ③ 03 ② 04 ③

어휘 Review | 01 가다   02 땅   03 선   04 무거운   05 혼자   06 죽음   07 높은, 자라다   08 가다   09 부수다   10 땅

A 01 홀로 지내는, 고독한, 외딴   02 살인, 살인하다   03 부분, 일부, 분수   04 지침, 가이드라인, 윤곽선   05 굴욕감을 주다, 창피를 주다   06 영토, 영역, 지역, 구역   07 악화시키다, 짜증 나게 하다   08 스며들다, 널리 퍼지다, 보급하다   09 테라스, 계단식 관람석, 계단식 논[밭]   10 치명적인, (언젠가 반드시) 죽는, 인간   11 invade   12 outline   13 fragment   14 humility   15 welfare   16 sole   17 evade   18 farewell   19 mortgage   20 altitude

B 01 adolescent   02 grief   03 linear   04 terrestrial

C 01 ①   02 ②   03 ③   04 ③

D 01 ②   02 ③   03 ②   04 ①

FINAL CHECK-UP

DAY 01~04

01 부정확한, 틀린 02 싫어하다, 싫어함, 혐오 03 의지하다, 자주 가다, 휴양지, 의지, 호소 04 (게걸스럽게) 먹어 치우다, 삼키다 05 부도덕한, 비도덕적인 06 무질서, 혼란, 장애 07 회상, 회고, 회상하다 08 (암호 등을) 해독하다, 이해하다 09 거리, 간격, 거리를 두다 10 장애, 능력 없음 11 작은, 밀집한, 촘촘한, 꽉 채우다 12 (우연히) 만나다, 직면하다, (우연한) 만남 13 피할 수 없는, 불가피한, 필연적인 14 버리다, 폐기하다, 배치하다 15 연소 16 풍요롭게 하다, 강화하다 17 흥분시키다, (상황을) 악화시키다 18 남아 있다, 여전히 ~이다 19 (사물의) 윤곽, 등고선, 윤곽을 그리다 20 자격[권리]을 주다, 제목을 붙이다 21 독립적인, 독립한 22 나타내다, 대표하다 23 충돌, 부딪침 24 (일·결과가) 이어지다, 뒤따르다 25 섭취(량) 26 기억해 내다, 상기시키다, 회수하다, 상기, 회수 27 부패한, 손상된, 부패[타락]시키다 28 받아들이다, 포용하다 29 통찰(력), 이해, 간파 30 재현하다, 복제하다, 번식하다 31 얻다, ~에서 유래하다, 파생하다 32 불공평한, 부당한 33 감염, 전염(병) 34 재결합, 재회, 동창회 35 발견하다, 찾아내다, 감지하다 36 있을 것 같지 않은, ~할 것 같지 않은 37 부과하다, 도입하다, 강요하다 38 피난(처), 보호 시설, 쉼터 39 묘사하다, 그리다 40 열다, 드러내다

DAY 05~08

01 교환하다, 교환 02 조절하다, 조정하다, 적응하다 03 간과하다, 눈감아 주다 04 제자리에 두지 않다, 잘못 두다 05 지치게 하다, 연소시키다, 다 써버리다 06 쌓이다, 모으다, 축적하다 07 넘치다, (감정 등으로) 가득 차다, 넘침, 범람 08 예정하다, 미리 결정하다 09 이국적인, 이색적인 10 가속하다, 촉진하다 11 관점, 전망, 원근법 12 시기상조의, 조숙한, 조산의 13 침식, 부식 14 (~보다) 더 크다, 대단하다 15 설득하다, 납득시키다 16 교향곡 17 부끄러운, 수치스러운 18 (전쟁·질병 등의) 발발, 발생 19 미묘한, 섬세한, 희미한 20 합성하다, 종합[통합]하다 21 외국에(서), 외국으로 22 최고의, 극도의, 최대한도 23 시사하다, 주장하다, 제안하다 24 다수, 일반 대중, 군중 25 해부학적 구조, 해부, 인체 26 터무니없는, 어리석은, 불합리, 부조리 27 단결하다, 연합하다, 결속시키다 28 (~의) 기저를 이루다, (~의 아래에) 놓여 있다 29 발전, 진보, 발전하다, 전진하다 30 (법 등을) 수정[개정]하다, 고치다 31 통일하다, 통합하다 32 (안 좋은 일 등을) 겪다, 경험하다 33 속담 34 해석하다, 이해하다, 통역하다 35 오도하다, 잘못 이끌다 36 역설, 모순 37 사전 예방적인, 앞서서 주도하는 38 방해하다, 참견하다, 간섭하다 39 오해하다, 잘못 해석하다 40 기생하는

DAY 09~12

01 둘의, 이중의, 두 부분으로 된 02 똑바른, 수직의, 곧은, 똑바로 03 상태, 지위, 국가, 말하다, 진술하다 04 형상, 모습, 수치, 계산하다, 그림으로 나타내다 05 이산화물 06 사투리, 방언 07 장애(물), 방해(물) 08 패배시키다, 패배, 타도 09 모호한, 무명의, 보기 어렵게 하다 10 예견하다, 예상하다 11 동상, 조각상 12 자격을 주다, 자격을 얻다 13 (특정한) 경우, 기회, 행사 14 예언하다, 예지하다 15 저항하다, 견디다 16 어려움, 곤란 17 상대, 적수, 반대자 18 정반대, 정반대되는 19 꾸준한, 안정된, 한결같은 20 일, 사건 21 우월한, 우수한, 상급의, 선배, 상사 22 사인[서명]을 하다, 서명 23 체포하다, 저지하다, 체포, 저지 24 수정하다, 개정하다 25 최고의, 최상의, 대단히 훌륭한 26 내성[내향]적인 사람 27 ~이 되다, 구성하다 28 관리하다, 감독하다, 지휘하다 29 갈라놓다, 분리하다, 떨어진, 분리된 30 금지하다 31 요인, 요소 32 증거, 증언, 명백함 33 안전한, 안심하는, 확보하다, 고정시키다 34 항체 35 제조하다, 생산하다, 제조, 생산 36 목격하다, 목격자, 증인 37 (인종 등에 따른) 분리, 차별 38 우회하다, 회피하다, 우회 도로 39 결함, 결점 40 추상적인, 관념적인, 추출하다, 요약하다

01 거래, 상업, 무역, 거래하다   02 전달하다, 전송하다, 전도하다   03 위치, 장소, 지위, 배치하다   04 관대한, 너그러운   05 후퇴하다, 물러가다, 철회하다, 후퇴, 철수, 도피   06 배출하다, 방사하다   07 가정하다, 생각하다, 추측하다   08 분개하다, 원망하다, 괘씸하게 생각하다   09 과감히 ~하다, 모험하다, (사업상의) 모험, 모험적 사업   10 타협, 화해, 타협하다, 양보하다   11 처분할 수 있는, 일회용의, 일회용품   12 감정, 정서, (지나친) 감상   13 관습, 집회, 협의회   14 사명, 임무, 전도   15 연기하다, 미루다   16 실제의, 현행의   17 (정부·기관의) 수익, 수입   18 종(種), 종류, 인류   19 명백한, 또렷이 보이는   20 (법을) 제정하다, 수행하다, 상연하다   21 유능한, ~할 수 있는   22 측면, 양상, 관점   23 수리하다, 바로잡다, 수리, 보수   24 모호한, 애매한, 분명하지 않은   25 인식하다, 지각하다, 이해하다   26 의심하다, 혐의를 두다, 용의자   27 현대의, 현대인   28 의도하다, 작정하다, (~하려고) 생각하다   29 속이다, 기만하다   30 검사하다, 조사하다, 검열하다   31 수정하다, 조정하다, 한정하다   32 의미 있는, 중요한, 상당한   33 주요한, 우두머리의, (조직의) 우두머리, 장(長)   34 대화하다, 반대의, 정반대, 역   35 상품, 일용품   36 신호, 몸짓, 징후, 신호를 보내다, 표시하다   37 점유[점령]하다, 차지하다, 사용하다   38 거꾸로 하다, 뒤바꾸다, 반대의, 반대   39 주형, 틀, 만들다, 형성하다, 주조하다   40 배정하다, 임명하다, 할당하다

01 법률의, 법률에 관한, 합법적인   02 바치다, 전념하다, 헌신하다   03 사로잡다, 강박감을 갖다   04 살다, 거주하다, 존재하다   05 기념비, 기념 건조물   06 접근, 이용, 접근하다, 접속하다   07 지적인, 머리[두뇌]를 쓰는   08 굳은, 완고한, 엄격한   09 서식지, 거주지   10 그 사이, 그동안에, 한편   11 명시하다, 지정하다, 지명하다   12 즉각적인, 즉시의, 인접한, 당면한   13 소홀히 하다, 무시하다, 게을리하다   14 우아한, 품위 있는   15 소집하다, 소환하다, 호출하다   16 책임을 져야 할, ~할 것 같은   17 정착하다, 해결하다, 안정되다   18 통로, 통과, 경과   19 중독, 열중, 탐닉   20 나아가게 하다, 추진하다, 몰아대다   21 (윤이 나도록) 닦다, 세련되게 하다, 윤 내기, 광택제, 품위   22 동료, 동업자   23 괴로움, 고통, 고충, 괴롭히다   24 상처를 입히다, 해치다   25 구체적인, 실재의, 구체물, 콘크리트   26 이동하는, 움직이기 쉬운, 이동식의   27 억제하다, 방해하다, 금지하다   28 행동하다, 처신하다, 작용하다   29 규칙적인, 일반적인, 보통의   30 왕의, 왕실의, 훌륭한   31 전임자, 선행자, 이전 것   32 그만두다, 멈추다   33 종교, 신앙(심)   34 (특정한 활동을 위한) 시간, 기간, 회기   35 승객, 여객, 통행인   36 부정하다, 반박하다, 모순되다   37 쫓아내다, 추방하다, 배출하다   38 특권, 특전, 특혜, 특권을 주다   39 (죽은 사람이 남긴) 유산, 조상의 유물   40 모집하다, 채용하다, 신병, 신입 사원

01 보존하다, 보호하다   02 관찰하다, 주시하다, (관습 등을) 지키다   03 넘겨주다, 항복하다, 항복, 양도   04 감사하는, 고마워하는, 기분 좋은   05 공개하다, 드러내다, 폭로하다   06 정의하다, 규정하다, 한정하다   07 작은 조각, 입자, 미립자   08 남겨두다, 예약하다, 비축, 보호 구역   09 지시하다, 가르치다, 정보를 주다   10 인정하다, 승인하다   11 떠받치다, 유지하다, 지속시키다   12 찬사, 칭찬, 경의, 칭찬하다, 찬사를 말하다   13 공감, 감정 이입   14 점진적인, 완만한   15 유아, 갓난아기, 유아의, 초기의   16 저명한, 탁월한, 신분이 높은   17 옹호자, 변호사, 옹호하다, 지지하다   18 떠올려주다, 환기하다, 일으키다   19 잠재의식의, 잠재의식   20 타당한, 유효한, 합법적인   21 타고난, 선천적인, 천부의   22 부분적인, 불공평한, 편파적인   23 국한시키다, 한정하다, 가두다   24 재정, 재원, 자금, 자금을 대다   25 진단하다, 조사 분석하다   26 알아보다, 인지하다, 인정하다

FINAL CHECK-UP

27 다시 시작하다, 재개하다, 다시 차지하다 28 얻다, 획득하다, 유행하다 29 임차인, 세입자, 세 들어 살다 30 도구, 용구, 시행하다, ~에 도구를 주다 31 환자, 참을성 있는, 잘 견디는 32 연민, (깊은) 동정심, 불쌍히 여김 33 천직, 소명, 직업 34 의식을 잃은, 무의식적인, 깨닫지 못하는 35 이성적인, 합리적인, 분별이 있는 36 이용할 수 있는, 쓸모 있는, 만날 수 있는 37 자연, 본질, 천성 38 우세하다, 유행하다, 이기다 39 비율, 요금, 속도, 평가하다, 등급을 정하다 40 최소의, 최소한도의, 최소한도, 최저(치)

DAY 25~28

01 정복하다, 이기다, 획득하다 02 흡수, 동화, 융합 03 강화하다, 보강하다, 증강하다, 보강물 04 주사하다, 주입하다, 삽입하다 05 통합하다, 흡수하다, 완성하다 06 압축하다, 요약하다 07 확대하다, 과장하다 08 장엄한, 위엄 있는 09 추론하다, 추측하다, 암시하다 10 ~을 경유하여, ~을 통해 11 경쟁하다, 겨루다 12 규정하다, 처방하다 13 결과, 영향, 중요성 14 번갈아 일어나다[하다], 번갈아 생기는[하는] 15 우연한, 우발적인 16 자극하다, 활발하게 하다, 고무하다 17 본능, 직감 18 투옥하다, 감금하다 19 쓰다, 소비하다, 지출하다 20 비공식의, 격식 없는, 평상복의, 구어체의 21 영양분을 주다, 먹여 기르다, 육성하다 22 쇠락하다, 썩다, 부패하다, 부패, 쇠퇴 23 우연의 일치, 동시 발생 24 추구하다, 뒤쫓다, (행)하다 25 후속의, 이어지는, 바로 다음의 26 전기, 일대기 27 (정기) 구독하다, 서명하다, 기부하다 28 능력 있는, 유능한, 능숙한 29 청원(서), 탄원(서), 청원하다, 탄원하다 30 설득하다, 유도하다, 초래하다 31 교육하다, 가르치다 32 (요금을) 청구하다, 고발하다, 충전하다, 책임을 맡기다, 청구 금액, 고발, 충전, 책임 33 앞의, 이전의, 사전의 34 마차, 운반, 수송 35 직업, 경력, 생애, 직업적인 36 규모, 크기, 중요성 37 깊은 인상[감동]을 주다, 새기다 38 접촉, 연락, 접촉의, 접촉시키다, 연락하다 39 전체의, 전부의, 온전한, 전체, 완전 40 거절하다, 거부하다

DAY 29~32

01 적대적인, 강력히 반대하는 02 거주시키다, ~에 살다, 거주하다 03 탐험(대), 원정(대), 여행 04 (고통 등을) 줄이다, 완화하다, 경감하다 05 회전하다, 순환하다, 교대하다 06 영감을 주다, 고무하다, 불어넣다 07 경작하다, 재배하다, 기르다 08 기본[기초]의, 근본적인, 중요한 09 등록하다, 입학[입회]하다 10 온화한, 절제하는, 온건한 11 생존하다, 살아남다, ~보다 더 오래 살다 12 집안의, 국내의, 길들여진 13 농약, 살충제 14 폭행, 공격, 습격, 폭행하다, 공격하다 15 수반하다, 필요로 하다 16 부정적인, 반대하는 17 일치하다, ~에 해당하다, 서신 왕래를 하다 18 포함하다, 수반하다, 말려들게 하다 19 반항하다, 거역하다, 도전하다 20 부정하다, 부인하다, 거부하다 21 고소하다, 고발하다, 비난하다 22 주다, 기부하다, (재능 등을) 부여하다 23 원리, 원칙, 신조 24 방해하다, 지연시키다 25 수입, 수입품, 수입하다 26 만료되다, 만기가 되다 27 찬성[승낙]하다, 승인하다, 입증하다 28 기질, 성질 29 환대, 접대 30 본질, 핵심 31 부분, 조각, 구획, 분할하다 32 단조로운, 지루한 33 진화하다, 진화시키다, 서서히 발전하다 34 모욕, 모욕적인 언행, 모욕하다 35 중립(국)의, 공정한, 중립, 중립국 36 관련 있는, 적절한 37 유창한, 능변의 38 녹이다[녹다], 용해하다, 해산하다 39 지배하다, 우세하다 40 확신하는, 자신감 있는

01 태도, 마음가짐, 자세 02 일치하다, 조화하다, 일치, 조화 03 선언하다, 선포하다 04 ~의 탓으로 돌리다, ~의 덕분이라 여기다, 속성, 자질 05 막대한, 거대한, 엄청난 06 적당한, 적절한, 충당하다, 사사로이 쓰다 07 채택하다, 채용하다, 입양하다 08 감소하다, 쇠퇴하다, 거절하다, 감소, 하락, 쇠퇴, 경사 09 제거하다, 없애다, 배제하다 10 밀다, 밀어내다, 찌르다, 밀기, 추진력 11 할당하다, 배분하다 12 기부하다, 기여하다, 기고하다, 원인이 되다 13 사라지다, 없어지다 14 권한, 명령, 위임, 명령하다, 권한을 주다 15 보장[보증]하다, 약속하다, 보증(서), 확약 16 자격 증명서, 신임장, 신임하는 17 관념, 개념, 생각, 의견 18 적절한, 충분한, 적합한 19 빚, 채무, 빚진 것, 신세 20 추천하다, 권하다, 권고하다 21 이해하다, 감사하다, 진가를 알다, 감상하다 22 침입하다, 침해하다, 방해하다, 끼어들다 23 돌파구, 획기적인 발견[발전] 24 재산, 부동산, 속성, 특성 25 거대한, 엄청난, 헤아릴 수 없는 26 조정하다, 통합하다 27 후원자, 보호자, 단골손님 28 고치다, 치료하다, 개선하다, 치료, 치료약, 해결책 29 예비의, 준비의, 서문의, 준비, 예비 행위[단계] 30 나누어주다, 분배하다, 배포[배급]하다 31 피하다, 회피하다 32 풀어 주다, 방출하다, 출시하다, 해방, 면제, 출시 33 혁신하다, 쇄신하다 34 알리다, 통지하다, 발표하다 35 같은, 동등한, ~에 상응하는, 등가물, 동등한 것 36 옷, 의복, 의류 37 잠재적인, 가능한, 잠재력, 가능성 38 적응하다, 적응시키다, 조정하다, 개작하다 39 조종하다, 조작하다, (솜씨 있게) 처리하다 40 준비하다, 배열하다, 정돈하다

01 도망치다, 피하다 02 자비, 연민, 고마운 일 03 구별하다, 식별하다, 차별하다 04 치명적인, (언젠가 반드시) 죽는, 인간 05 나오다, 나타나다, 알려지다 06 스며들다, 널리 퍼지다, 보급하다 07 임시의, 일시적인, 잠깐 동안의 08 방해하다, 지장을 주다, 분열시키다 09 논제, 논문 10 악화시키다, 짜증 나게 하다 11 물려받다, 상속하다 12 (오래) 남다[계속되다], 오래 머물다 13 추산[추정]하다, 추정[치], 추산, 견적 14 영토, 영역, 지역, 구역 15 맹세, 서약, 맹세[서약]하다 16 직면하다, 마주하다, 맞서다 17 읽고 쓸 줄 아는, 지식이 있는 18 분별하다, 식별하다 19 돌연변이, 변종, 변화 20 분쟁, 논의, 토론, 논쟁하다, 반박하다, 다투다 21 폭발하다, 분출하다, 분화하다, 내뿜다 22 부서지기 쉬운, 연약한, 섬세한 23 현대의, 당대의, 동시대의, 동시대 사람 24 고도, 높이, 고지 25 정교한, 공들인, 상술하다, 정교하게 만들다 26 선형의, 직선의 27 헌신하다, 바치다, 전념하다 28 서로의, 상호의, 공동의 29 가설, 가정 30 홀로 지내는, 고독한, 외딴 31 (힘 등을) 발휘하다, 행사하다, 노력하다 32 놀라운, 믿기 어려운, 훌륭한, 굉장한 33 대기, 공기, 분위기 34 겸손한, 미천한, 초라한, 겸손하게 하다, 낮추다 35 현상 36 평판, 명성 37 행복, 안녕, 복지 38 돌다, 순환하다, 퍼지다, 유통하다 39 과장하다 40 연장시키다, 늘이다, 연기하다

Memo

Memo

Memo

Memo

Memo

Word 고등 어원
∞ master